POR DENTRO DAS PALAVRAS DA NOSSA LÍNGUA PORTUGUESA

Domício Proença Filho

POR DENTRO DAS PALAVRAS DA NOSSA LÍNGUA PORTUGUESA

2ª EDIÇÃO

EDITORA RECORD
RIO DE JANEIRO • SÃO PAULO

2003

CIP-Brasil. Catalogação-na-fonte
Sindicato Nacional dos Editores de Livros, RJ.

P957p
2ª ed.

Proença Filho, Domício, 1936-
Por dentro das palavras da nossa língua portuguesa / Domício Proença Filho – 2ª ed. – Rio de Janeiro: Record, 2003.

Inclui bibliografia
ISBN 85-01-06690-7

1. Língua portuguesa – Erros. 2. Língua portuguesa – Vícios de linguagem. 3. Língua portuguesa – Gramática. I. Título.

03-0198

CDD – 469.83
CDU – 811.134.3

Capa e projeto gráfico: Porto + Martinez
Ilustrações: Bruno Porto

DISTRIBUIDORA RECORD DE SERVIÇOS DE IMPRENSA S.A.
Rua Argentina 171 – Rio de Janeiro, RJ – 20921-380 – Tel.: 2585-2000

Impresso no Brasil

ISBN 85-01-06690-7

PEDIDOS PELO REEMBOLSO POSTAL
Caixa Postal 23.052
Rio de Janeiro, RJ – 20922-970

Para Rejane.

Para Domício Jr. e Adriano.

E para Flavinho.

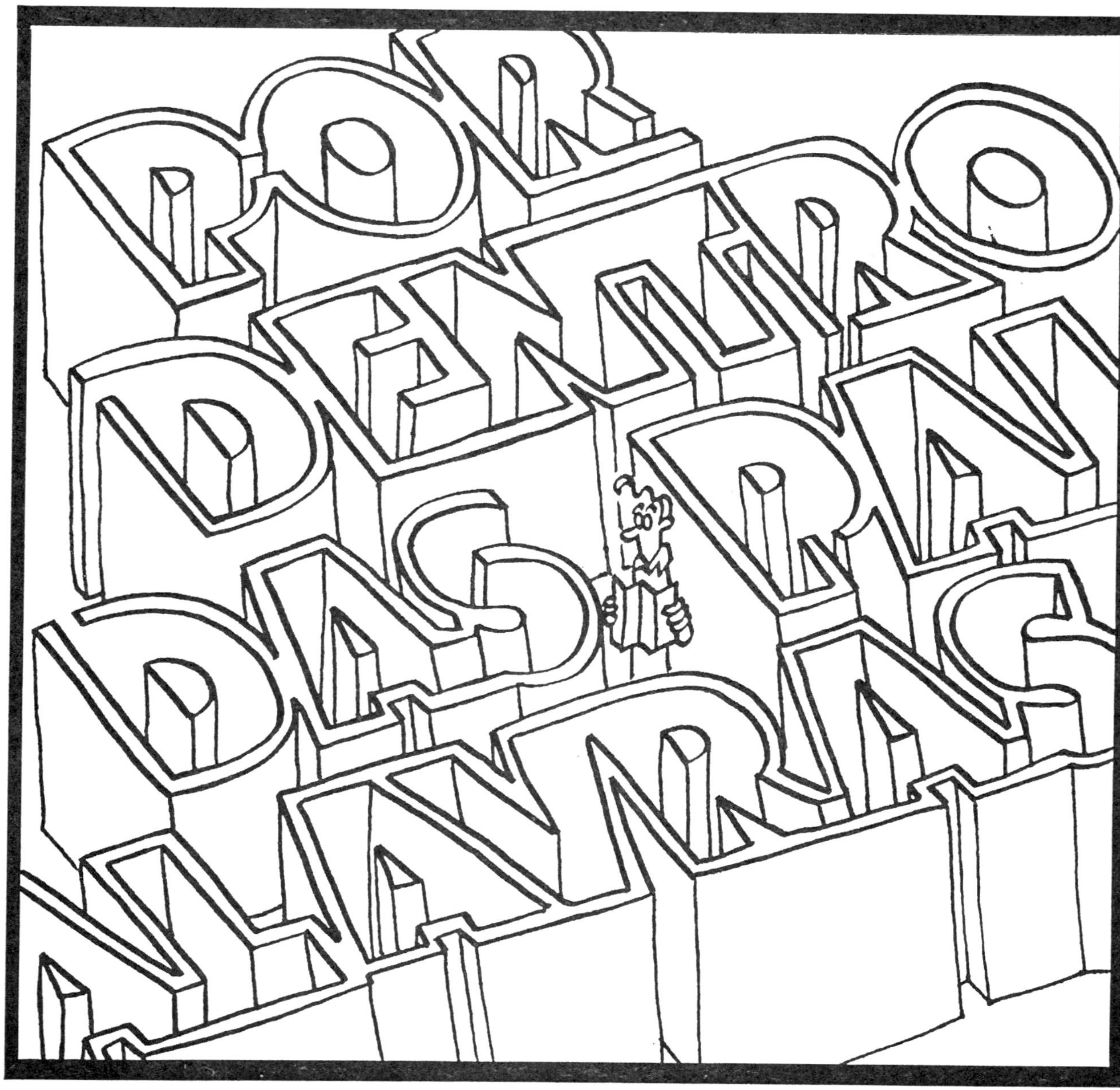
POR
DENTRO
DAS PA
LAVRAS

Agradecimento

A Leodegário A. Azevedo Filho, pelo pronto atendimento à solicitação da Editora para a leitura técnica do texto, pela generosa avaliação e pelas percucientes sugestões feitas.

Sumário

Um começo de conversa

Você, prezado leitor, cara leitora, brasileiro ou brasileira como eu, tem, desde determinado momento da infância, consciência das estruturas básicas e dos arranjos que caracterizam a língua que falamos. E já deve ter verificado um fato: quando dela nos valemos, é conveniente, para atender às exigências da expectativa comunitária, adequar o seu uso à situação de fala.

Todos temos noção da unidade e das variações expressivas, regionais e socioculturais que a caracterizam, mas que não impedem que nos entendamos. Estas últimas, vale lembrar, vinculadas mais estreitamente ao nosso desempenho social, envolvem os chamados níveis, usos ou registros do idioma: o formal, o ultraformal, o informal descontraído, o informal ultradescontraído, presentes nas múltiplas e várias instâncias de nossa comunicação.

É claro que somos livres para falar ou escrever como quisermos, como soubermos, como pudermos. Mas é também evidente que a adequação assinalada contribui efetivamente para a maior eficiência comunicativa.

O uso formal, designação que sintomaticamente disputa espaço com uso ou registro culto, ainda é uma exigência para certos e importantes momentos da vida. Quem não o domina freqüentemente se defronta com limitações no acesso ao mercado de trabalho, na progressão social, na vivência escolar, na comunicação com os outros. As raras e honrosas exceções se devem a articulações mentais privilegiadas e a excepcionalíssimos desempenhos profissionais, assim mesmo no âmbito da expressão falada. Na manifestação escrita da comunicação cotidiana impõe-se o registro formal. E de tal maneira, que mesmo as lembradas exceções buscam, rápida e discretamente, o assessoramento de um professor ou professora de português, para evitar, no mínimo, o anônimo, irônico e cruel castigo do anedotário.

Em função de tais circunstâncias, este livro objetiva ser um lugar de comentários amenos sobre os significados das palavras e sobre uma série de fatos que, no dia-a-dia de nossa prática linguageira, costumam provocar dúvidas sobre a utilização mais adequada da nossa língua portuguesa, mesmo entre os usuários mais tranqüilos.

Não se trata, nem poderia tratar-se, de uma apresentação exaustiva: apenas destaco o que, ao longo de décadas de magistério, resulta do testemunho de algumas perplexidades.

O volume se faz de uma seleção de elementos fônicos, significativos, formais e relacionais que se articulam e se interdependem na constituição da língua. Privilegia, nessa direção, preceitos estabelecidos pela gramática normativa, por compromissada com o uso formal do idioma. Busca, basicamente, na história da língua e na freqüência dos fatos, a necessária fundamentação para o que, nesse espaço, se considera adequado. Destaca, nesse sentido, a esperada pronúncia de certos vocábulos, a sua representação gráfica oficialmente estabelecida, a correta localização dos acentos tônicos e as regras de utilização dos acentos gráficos empregados para assiná-la. Procura ainda explicar a significação de várias palavras, a partir da respectiva estrutura morfológica e da etimologia de cada uma. Aponta eventuais flexões passíveis de alguma dúvida do falante. Chama a atenção para alguns relacionamentos das palavras nas frases, seus acordos, suas dependências. Para atender ao seu possível desejo de aprofundamento em algumas das questões comentadas, apresenta, no final do volume, uma bibliografia. Abre-se à sua crítica construtiva que, antecipadamente, agradeço. E espero que lhe seja de leitura prazerosa e de alguma utilidade.

DOMÍCIO PROENÇA FILHO

Cuidado quando falar!
Aspectos da ortoépia

Ou da *ortoepia*, tanto faz. O uso formal admite as duas pronúncias. A primeira, fiel à origem do termo: a forma grega *orthoépeia*, formada de *orthos*, 'correto', + *épos,* 'o que se diz, o que se expressa por meio de palavras', + o sufixo *-ia*, 'linguagem ou estilo correto'. No percurso até o português, a latina *orthoepia*. A tendência da língua portuguesa para os paroxítonos talvez explique a dupla pronúncia.

O antônimo, só para lembrar, é *cacoépia* ou *cacoepia*, no grego *kakoépeia*, 'linguagem má, ruim', em que além dos citados *epós* e *-ia,* figura *kakós* (em grego 'mau, ruim').

Ortoépia e *cacoépia* constituem partes da Fonologia, que é o estudo dos fonemas e suas funções. Trata-se de uma área em que são bastante freqüentes as vacilações. Muita gente fica em dúvida em certas ocasiões. Não fique, em termos de registro formal, diante das situações a seguir.

Se, por acaso, tiver o dom de *adivinhar*, não coma o primeiro *i*, porque, se o fizer, certamente não *adivinhará* nunca. Aquela vogal está no original latino: *addivinare*, 'adivinhar, prever, pressagiar'.

E se disser que se *adapta* aos novos tempos e *opta* pela televisão a cabo, também não acrescente nenhum *i* depois do *p*, por obséquio! As palavras de origem são as latinas *adaptare* e *optare*.

Diga que foi ao *advogado* (e não *adivogado* ou *adevogado*), ou que você sempre quis estudar *advocacia* (e não *advogacia*, ou *adivocacia*, ou *adevocacia*). Na origem, está o latim *advocatu*: 'chamado para perto, chamado para assistir alguém junto à Justiça' (desde o latim explicitado no prefixo *ad-* (junto) e no radical *voc-*, presente também no verbo *vocare*, 'chamar', e *advocare*, 'chamar para junto'. Curiosamente, o verbo *advogar* só passa a ser usado no século XVII.

Anuncie que vai ao *aeroporto* (e não *aereoporto*) e, dependendo das condições *meteorológicas* (e não *metereológicas*), viajará para Brasília. O adjetivo *meteorológico* deriva de *meteoro*, que é qualquer fenômeno que ocorre na atmosfera terrestre, que se vê ou se ouve. A chuva é um *meteoro*, o vento também, e as estrelas cadentes, o arco-íris, entre outros. *Meteoros*, termo grego de origem, significava 'o que se encontra nos ares', a rigor 'o que se levanta além de'; *aeiro*, 'levantar' já estava associado a *meta*, 'além de'.

Cite o célebre *aforismo* (e não *aforisma*) do escritor latino Juvenal: *mens sana in corpore sano*, 'mente sã em corpo são'. *Aforismo* vem do latim *aphorismu*(s), por sua vez oriundo da forma grega *aphorismós*, que designava 'definição, breve sentença', de onde ganhou o sentido de sentença breve e indiscutível, que resume uma doutrina. Por outro lado, a palavra *aforisma* (do grego *aphórisma*) significa, em português, 'coisa separada, colocada de lado'. Nosso *aforismo* também se afasta do sentido original: o poeta diz no seu texto que "o homem sábio só pede aos céus a saúde da alma com a saúde do corpo".

Você vê com dificuldade? É bom consultar um oculista: você pode estar sofrendo de *astigmatismo*, com *a*. É termo de origem grega: forma-se de *a + stigma, 'ponto', + ismo*, com esse prefixo *a-*, que indica 'privação'.

Barganhar dá resultado em tempos de economia controlada, agora *berganhar* não é aceito em certos grupos. O termo, que significa negociar, trocar, pode ter vindo de *bargaignier*, em francês antigo; *barguigner*, em francês moderno, ou do italiano *bargagnare*.

Se pedir, peça a alguém que amarre o *babadouro* ou o *babadoiro* (e não *babador*) no pescoço do seu filhinho recém-nascido. É mais elegante. E, afinal, ele ainda não aprendeu a cuspir. Mas **babador** é uma variante aceitável. Na formação das três, o radical do particípio *babado*, do verbo *babar*, + os sufixos. O objeto designado, feito de tecido ou de outro material, serve para impedir que a baba suje a roupa dos usuários.

Se for para criticar, critique com segurança o serviço público de *beneficência* (e não *beneficiência*) porque não tinha doses suficientes de *bicarbonato* de sódio (e não *bicabornato*

de sódio). A primeira vem do latim *beneficentia*, 'disposição para o bem'; **bicarbonato** é da família de *carbono*.

Esclareça, na alfândega, que só trouxe do exterior algumas **bugigangas** (objetos sem importância, quinquilharias), e não *bugingangas*, como querem alguns. Ao que tudo indica, o termo tem origem no castelhano *bojigangas*, cuja base seria *bojiga, vejigas:* 'bolha, bexiga, vesícula'.

Avise que vai ao **cabeleireiro** (e não *cabelereiro*): **cabeleireiro** vem de *cabeleira*, e o *i* faz parte da família.

Cuidado, amigo, com o **cacófato.**

Cacófato é a palavra ou o som desagradável ou obsceno que resulta do encontro, na frase, de sílabas finais e iniciais de determinados vocábulos. Na origem, o latino *cacophaton*, com o mesmo significado, por sua vez oriundo do grego *kakós*, 'feio', + *phaton*, 'que é ou pode ser dito ou expresso'; na língua falada costuma ser bastante constrangedor. Por escrito, compromete. Veja alguns exemplos: Por a*mor, ela foi capaz de ceder o próprio filho. E nun*ca ga*nhou sequer um agradecimento.* Por cada *gesto seu, ele é o único culpado...* Como se vê, há que evitá-lo.

Abra uma **caderneta** (e não *cardeneta*) de poupança. **Caderneta** é da família de *caderno*, de formação vernácula, quer dizer, ocorre no português.

Dê de presente a sua filha um **calidoscópio** (de preferência a *caleidoscópio*). Na origem, a aglutinação dos termos gregos *kalós*, 'bonito, belo', *eidos*, 'forma', e *skopein*, 'olhar'. No percurso até o português, a inglesa *kaleidoscope* e a francesa *kaléidoscope*. A propósito, você sabe o que é um **calidoscópio**? Se você consultar o *Dicionário Aurélio*, vai saber que se trata de um "pequeno instrumento cilíndrico, em cujo fundo há fragmentos móveis de vidro colorido, os quais, ao refletirem-se sobre um jogo de espelhos angulares dispostos longitudinalmente, produzem um número infinito de combinações de imagens de cores variadas". Pensando melhor, diante dessa definição, é mais interessante você adquirir um e se divertir com ele...

Camundongo é uma praga, mas com *u*. A palavra vem do quimbundo *kamundong*, e manteve o *u* em português. O quimbundo é a língua dos quimbundos, indígenas bantos de Angola.

Para impressionar, diga que um terremoto é um *cataclismo* (e não *cataclisma*) e que você já teve *arrepios* (e não *arripios*) de medo durante um tremor no Rio Grande do Norte. *Cataclismo* se origina do termo grego *kataklysmós*, pelo latim *cataclysmos*. *Arrepio* deriva de *arrepiar*, que vem do latim *horripil**a**re*. A transformação do *i* em *e*, na passagem do latim para o português, é um fenômeno freqüente, chamado dissimilação: uma das vogais deixou de ser semelhante à outra. Por outro lado, convenhamos, *arripio* é de *arrepiar*!

Se você gosta de frutos do mar, peça *caranguejos*, sem *i*, ao feirante. A palavra vem, provavelmente, do diminutivo latino *cancriculu*, 'pequeno caranguejo', através do espanhol *cangrejo*. *O Houaiss* e o *Dicionário etimológico* de A. G. Cunha, apoiados na lição do notável filólofo e lexicógrafo Corominas, consideram que este *cangrejo* é o diminutivo do antigo *cangro*, por seu turno derivado do latim *cancer*, *cancris*, designativo do crustáceo. Como se vê, a vogal citada está ausente desde sempre. E, obviamente, não freqüenta outros membros da família, como *caranguejeira* e *caranguejola*. Dá para perceber por que o caranguejo é o símbolo de Câncer, signo do zodíaco.

Quando for ao Zoológico, não se esqueça de levar as crianças para ver o *chimpanzé*, assim mesmo, com *i* nasal, a partir de sua origem africana; o termo vem do congolês *ki(m)penzi*, através do francês *quimpenzé*, atualmente *chimpanzé*. Se não o fizer, poderá *deflagrar* (do latim *deflagrare*) uma crise doméstica...

Pode mandar pendurar a roupa no *quarador*, que é forma descontraída, mas se escrever, grafe *coradouro*; sabe por quê? Porque nessa situação a roupa ganha a sua verdadeira cor; a roupa fica *corando* no *coradouro*, ou no *corador*. O termo é de formação vernácula. É verdade que o *quarador* já está tão presente na fala coloquial de várias comunidades brasileiras que, por certo, o *coradouro* vai provocar estranhamento. Guarde a informação para uma possível questão de concurso. E depois, com a sofisticação das máquinas de lavar roupa e dos detergentes, o emprego da palavra vai ficar cada vez mais raro...

Não *deprede* os telefones públicos! *Depredar* (do latim *depred**a**re*) é 'destruir' e também 'roubar'.

Louve o *descortino* (e não *descortínio*) de seu chefe, se quiser elogiar a sua percepção aguda, a sua capacidade de ver longe. Um equívoco, no caso, pode ser fatal para a sua boa intenção... Na origem, a palavra deriva de *descortinar*, formada, por seu turno, de *des* + *cortina* + *ar*: 'mostrar, correndo a cortina'.

Informe seu médico, se for o caso, que teve uma *disenteria* (e não *desenteria*), do grego *dysenteria*, pela forma semelhante latina. Na dúvida, pode usar desarranjo intestinal, com evacuação aquosa constante. Lembre-se, a propósito, de que *enteron*, na mesma língua grega, queria dizer 'intestino, interior'. Daí, *enterite*, inflamação do intestino.

Ao saudar uma autoridade eclesiástica, saúde um *dignitário* da Igreja (e não *dignatário*). A palavra vem do termo latino *dignitariu*, por sua vez nascido de *dignitate*. Significa 'aquele que foi elevado a alguma dignidade, que exerce cargo elevado, que tem alta gradação honorífica'.

Se estiver desejoso de destruir seu patrimônio, pode *dilapidá-lo*, mas, de preferência, com *i*. *Delapidar* é um equívoco, ainda que não tão grave quanto o seu desejo... *Dilapidar* mantém o latim *dilapidare*, 'apedrejar, destruir com pedradas', por extensão, 'arruinar, dissipar' sem o *e* final, claro. *Delapidar*, do latino *delapidare*, 'retirar as pedras', já foi seu antigo concorrente.

Está prestando serviço militar? Pretende **engajar**? Assuma seu **engajamento**, sem nasalizar o primeiro *a*; se o fizer, o tenente encarregado pode fazer mau juízo de você. **Engajar** tem origem francesa: *engager*.

Ao referir-se ao **espocar** da rolha do champanhe, esqueça qualquer *u* intrometido capaz de estragar o gosto da festa. Você pode usar estourar, como tanta gente, mas não é tão elegante, certo? O verbo é formado de *es* + *poka* (em tupi 'arrebentar, estalar') + *ar*. A propósito, *pipoca* é da mesma família: vem do tupi *pi'poka*, 'estalando a pele'. Do milho, naturalmente.

Ao **exprobrar** o comportamento de alguém, **exprobre** assim, com um *erre* em cada sílaba. Mas só **exprobre** se souber que o verbo significa fazer censuras, lançar em rosto. Pensando bem, é melhor você *censurar, repreender*, para não entortar a língua. **Exprobrar** vem do latim *exprobrare*.

E diante de **extinguir** ou de **distinguir**, lembre-se de que esse *u* depois do *g* não soa! Tanto que as formas da primeira pessoa do presente do indicativo são *eu extingo* e *eu distingo*, apesar de meio esquisitas. As formas latinas de origem eram *extinguere* e *distinguere*. Logo, o *u* continua sem soar em *distingues, distingue, distinguimos, distinguis*. Obviamente, escritos sem trema.

Se ao referir-se a um texto incomum, excêntrico, ou mesmo de mau gosto, você preferir dizer que é um texto **estrambótico**, use esse adjetivo assim. É mais adequado do que a forma familiar *estrambólico*. A propósito, **estrambótico** deriva de *estrambote*, 'acréscimo de um ou mais versos depois dos catorze de que se faz um soneto', acrescido do sufixo *-ico*, formador de adjetivo. Quer conhecer um poema desse tipo? Então leia o texto deste escriba que dialoga com um verso famoso de Machado de Assis, "Mudaria o Natal, ou mudei eu?":

"Mudaria o Natal, ou mudei eu?"

Se mudei eu, amor, nada resolve,
afinal, o indivíduo se dissolve
no universo maior da humanidade
e a mudança é cruel fatalidade,

condenação do curso da existência,
e não chega sequer à aura da essência
que, essa sim, interessa aos fins primeiros
e o Natal, se muda, é simples memória

utilizada a cada vão momento
na busca humana do poder e glória.
Se mudei eu, e mudo a cada dia,

é sina do homem, vão padecimento
no percurso cruel da finitude
E o Natal, acredite no estrambote:

O Natal não é festa que se mude!

Não se irrite em festa infantil de aniversário: criança sempre faz *estripulia*. Trata-se de um *brasileirismo*, ou seja, na definição de Antenor Nascentes, "palavra ou expressão própria do português falado ou escrito no Brasil". É termo próprio do registro informal, espaço em que alterna com *estrepolia* e *estropelia.*

Ao aludir a algum inimigo ***figadal***, não troque as consoantes! Esse tipo de inimigo metaforicamente acaba com o seu fígado, palavra da qual deriva o adjetivo, que literalmente significa referente a tal órgão ou próprio dele, mas que, no uso figurado, associado a 'alimentado nas vísceras', pode significar profundo, ou como no caso da inimizade, carregado de rancor, de ódio.

Ao condenar o ***fratricídio*** anunciado no jornal da televisão é bom manter a forma assim, com *r* nas duas sílabas, porque, de outra maneira, o irmão assassinado pelo irmão pode erguer-se do túmulo: *frater, fratris,* queria dizer 'irmão' em latim. Daí *fraternal, fraterno, fraternidade, confraternizar; -cida*, 'que mata', é da família do verbo *caedere*, 'cortar, imolar'. Em tempo: *matar o pai*, o que pode ocorrer depois de dezenas de sessões de psicanálise, é ***parricídio***, claro que psicológico; o ***matricídio***, nessa área, é verdade, costuma ser menos freqüente; e se alguém comete a violência de assassinar a própria 'esposa', como era comum em certos tempos romanos, comete um ***uxoricídio***: *uxor, uxoris*, designava a esposa em latim.

Cuidado! Fachada principal de prédio ou estampa que se coloca em folha de rosto de livro se chama ***frontispício***. Vem do latim *frontispiciu*. Se algum dia você empregar esse termo, use assim, desse jeito. Fica mais bonito. E veja só quem entra na formação da palavra, desde o latim: *frons, frontis*, 'rosto, fronte', e *spicio*, do verbo *spicere*, 'contemplar, olhar'. Talvez por isso a palavra tenha sido usada figurativamente como sinônimo de *cara, rosto.*

Ao falar de sua ***frustração*** com o psicanalista, se você disser *frustação* estará com dois problemas: o psicológico e o do mau uso do português. A família inclui ainda o verbo ***frustrar***, os adjetivos ***frustrado*** e ***frustrante***. O radical está lá, no latim: *frustratione, frustrare*. Não se ***frustre***!

Não me diga que nunca teve *impigem*, nem na adolescência! Não se assuste se você não conhece a palavra: não tem nada a ver com sexo, é apenas um tipo de dermatose, ou seja, de infecção da pele. E assim com o segundo *i* sem *n*. É mais adequado. Por culpa da origem da palavra, o substantivo latino *impetigine*, de que vêm também os sinônimos *impetigem* e *impetigo*. *Impingem* é uma variante, fruto de um processo de nasalização.

Ao admitir que *infringiu* involuntariamente as leis do trânsito, ou seja, cometeu uma *infração* nessa área, e aceitar a multa que o guarda lhe *infligiu*, impôs, apesar do seu temperamento irascível, evite outras grafias, por favor: *infringir* vem de *inf**r**ingere*, verbo latino que significa 'quebrar, partir, romper, despedaçar, arremessar contra'. Na família, ainda entre os romanos, figura *fr**a**ngere*, 'partir, rasgar, despedaçar, dilacerar, rachar, quebrar', entre outros significados. *Fratura, fraturar, infrator, infração,* etc. são seus familiares. *Infligir* vem de *infligere*, que significava 'ferir, bater contra, causar um mal', é só lembrar os tempos primitivos de ambos: de um lado, *infringo, infringis, infregi, infractum, inf**ri**ngere*; do outro, *infligo, infligis, inflixi, inflictum, inf**li**gere*.

Atualize a sua carteira de *identidade*, e não *indentidade*, como dizem alguns. A forma latina original era *identitate*.

Mostre que você tem *idoneidade* (sem *i* nasal, capacidade, competência) moral. Observe que os adjetivos da família são *idôneo* e *inidôneo*. Na base, as formas latinas *idoneitate, idoneu*.

Interstício é intervalo, brecha, frincha. Mas assim, com esse *s* no meio, como na forma latina original: *interstitiu*.

Aja sempre com *isenção* ao julgar os outros: o *i* não é nasal. A palavra vem do latim *exemptione*.

Criança *irrequieta* pode incomodar, mas geralmente é criança saudável. Deixe que brinque, que corra e, se tiver oportunidade, que suba em *jabuticabeiras*, entupa-se de *jabuticabas*, e aceite pacificamente que quebre alguns *lampiões* do sítio. *Irrequieto* tem, na origem, o latim *irrequietu*. *Jabuticaba* vem do tupi *iapoti'kaba:* 'frutas em botão'. *Lampião* origina-se do italiano *lampione*.

Se comprar *lagarto* no açougue, redondo ou atravessado, use o *r* ali, antes do *t*. Faça o mesmo quando se referir à *lagartixa*. *Lagarto* vem da forma latina *lacartu*, por *lacertu*: designa várias espécies de répteis. O uso como designação de carne dura de bovino é um brasileirismo. A propósito: o *lagarto*, nessa acepção, fica entre a chã-de-dentro e a chã-de-fora, e é carne para ser sobretudo assada. Já a *lagartixa* vem do espanhol *lagartija*. Ah, a passagem do *c* intervocálico a *g* é comum no percurso do latim ao português.

Ao usar o verbo **legiferar** (legislar, conduzir a lei) use assim, sem o *s*. O verbo *ferre* latino significava 'levar, conduzir'. A ele se prendem em português *conferir* (literalmente 'conduzir com'), *referir* (trazer à baila, relatar), *deferir* (atender, conceder), *transferir* (fazer passar de um lugar para outro). Você sabia que *dilatar* também é dessa família de palavras? Pois é. Acontece que *latu(m)*, 'conduzido', é um dos tempos primitivos do verbo *ferre*. *Tempos primitivos*, nesse sentido, são formas verbais que estão na base das outras. Usam-se para identificar o verbo e são as seguintes: a primeira e a segunda pessoa do presente do indicativo, a primeira pessoa do pretérito perfeito do indicativo, o supino, o infinitivo. Ex.: tempos primitivos de *amare*, que deu *amar* em português: *amo, amas, amavi, amatum, amare*. Não é complicado verificar que se transformaram em 'amo, amas, amei, amado, amar'. Tempos primitivos do verbo *ferre: fero, fers, tuli, latum, ferre:* 'conduzo, conduzes, conduziu, conduzido, conduzir'. O *di-* que aparece em **dilatar** é um prefixo que significa 'para vários lados'.

Ao pedir na loja de louças uma **manteigueira** de cristal, lembre-se de que a palavra vem de *manteiga*, com o *i* da família. A origem desta última? Habita o território da dúvida. Supõe-se que seja originária da forma do indo-europeu ou do eslavo *smtena*, 'nata'.

E se pensar em oferecer sanduíche de **mortadela** aos **mendigos** da sua rua, não nasalize o *a* da primeira, que vem do italiano *mortadella*, nem o *i* do segundo termo, que tem origem na forma latina *mend**i**cus*: normalmente, na passagem do latim ao português, o *c* intervocálico vira *g*, lembra-se?

Ao dirigir-se ao Sr. juiz de Direito, chame-o de **meritíssimo** e não de *meretíssimo*, ou coisa pior, sob pena de ouvir voz de prisão... O termo vem do latim *meritissimu* e quer dizer 'de grande mérito, muito digno'. E lembre-se de que o pronome de tratamento com que deve dirigir-se a ele é *Vossa Excelência: — Estou certo,* meritíssimo, *que* V. Exa. *compreenderá as razões de minha petição.*

Cuidado! Lidar com **muamba** (mercadorias roubadas, contrabando, negócio escuso) costuma dar cadeia. O termo tem origem africana, vem do quimbundo *mu'hamba*, 'carga'.

Você sabia que **muçulmano** se escreve desse jeito? Pois é. Caprichos da língua. A palavra vem do árabe *muslim*, 'entregue ao islã, resignado', acrescido do sufixo persa do plural *musliman*. A propósito, os sinônimos são *maometano, islamita, mosleme e moslim*.

Lamente o **opróbrio** vivido pelo personagem da **pantomima** a que assistiu na tevê. Fora disso, o palhaço pode ser você. Sobretudo se não souber que **opróbrio** significa 'abjeção extrema, injúria, afronta infamante' e que **pantomima** é 'a arte de expressar-se por meio de gestos'. O termo vem do latim *opprobriu*. **Pantomima**, por sua vez, tem origem na palavra francesa *pantomime*, que vem do grego *pantómimos*, 'pantomimo', ou seja, comediante que se exprime por meio de gestos, através do latim *pantomimu*, ensina José Pedro Machado.

Você, certamente, já deu esmola a alguém, ou algum donativo em ocasiões de calamidade pública, mas talvez não saiba que o que você fez foi contribuir com um **óbolo**, escrito assim, com três *ós*. O termo vem do grego *obolós*, pelo latim *obolu*. Inicialmente, designava uma pequena moeda grega. Depois é que passou a significar donativo de pequeno valor, esmola.

Anuncie a mudança dos **paralelepípedos** de sua rua, que evitará **percalços** (tropeços, problemas) sérios para os **pedestres** (que andam a pé). Nas respectivas origens, estão o termo grego *parallelepípedon*, o derivado do verbo do latim vulgar *percaptiare*, por sua vez oriundo do clássico *capere*, 'tomar', com influência de 'encalçar', e o termo latino *pedestre*, da família de *pede*, que deu 'pé'.

Seja **perspicaz** (sagaz, observador, do latim *perspicace*): **perscrute** (investigue minuciosamente, do latim *perscrutare*, 'pesquisar, investigar, examinar'), antes de pisar terreno desconhecido, para não viver uma decepção.

Fale de seus momentos *prazerosos* nas férias da família: *prazeroso* é o que dá *prazer*, sem *i*. A formação do adjetivo é vernácula: prazer + *-oso*.

Comente seus *presságios* ('pressentimentos', do latim *praesagiu*) a respeito dos *problemas* (do grego *problema*, pelo latim *problema*) criados com o arrocho salarial, apesar das justas *reivindicações* dos professores (solicitações, exigências). *Reivindicação*, por sua vez, se origina do latim *rei vindicatione* ('reclamação de coisa').

Peça uma *salsicha* com molho e com *s*. Qualquer *x*, nesse caso, altera o gosto. A palavra vem do italiano *salsiccia*.

Elogie a *verossimilhança* (e não *verossemelhança*) que marca a novela das oito na televisão. E se falar nos personagens principais, refira-se aos *protagonistas*, com *a*. O termo vem do grego *protagonistés*, 'o principal ator ou competidor'.

Você acredita em *superstição*? Então assuma a forma correta, que tem origem no latim *superstitione*, da família do verbo *superstare*, 'estar acima de'.

Se quiser informar que chegou sem aviso a algum lugar, pode dizer que chegou de *supetão*. É a forma adequada. A palavra *supetão* é aumentativo de *súpeto*, forma popular de *súbito*.

Comente a situação das *xifópagas*, e não das *xipófagas*, que foram notícia recente na imprensa. *Xifópagos* são indivíduos que nascem ligados na altura do tórax ou do apêndice xifóide. *Xifóide* quer dizer que tem forma de espada, é o mesmo que *ensiforme*: do latin *ense*, 'espada'. Em sentido figurado, você pode dizer que pessoas intimamente ligadas por temperamento ou por inclinação são personalidades *xifópagas*. Enriqueça seu vocabulário!

Indigne-se com o descaso de certas repartições públicas. Jamais se *indiguine*, por favor! O verbo vem do latim *indignari*, 'exasperar-se, indignar-se, irritar, desprezar'.

Seja ágil, *esteja* pronto, evite a *prostração*, do latim *prostratione*. *Seje, esteje* e *prostação* vão deixar você em situação desconfortável, em termos de registro formal.

Ao referir-se a si *próprio*, não se esqueça dos *erres*, por favor! O termo vem do latim *propriu*.

E saiba que educação não é *privilégio*. (Com *i*, do latim *privilegiu*.)

Conheça os significados
Aspectos semânticos

À ***Semântica***, também conhecida como semântica lexical ou semasiologia, cabe estudar a significação das palavras. Esta resulta da relação entre dois elementos indissociáveis que as compõem: o primeiro, perceptível, audível, envolve dimensões físicas, isto é, vibrações sonoras, e aspectos psicológicos: é o chamado significante; o segundo, produto dele, nele contido, nomeia, para ficarmos com o lingüista Eugenio Coseriu, "o conteúdo de um signo ou de uma expressão enquanto dado numa determinada língua e exclusivamente por meio dessa mesma língua": é o significado. Está nas suas *Lições de lingüística geral*, citada na bibliografia que você encontra no final deste livro.

O significante ***vela***, por exemplo, pode remeter, de acordo com o contexto lingüístico e a situação de fala, a diversos significados: Velas *enfunadas, os barcos enfeitam a paisagem da Baía de Guanabara. Ao longe, o Cristo Redentor* vela *pela sorte dos cariocas. Uma pálida nuvem* vela *a imagem, que parece flutuar acima do azulado das montanhas, numa nova transfiguração carregada de esperança.*

A semântica, com o nome de semasiologia, constitui, para alguns especialistas, uma das quatro disciplinas que integram a *lexicologia*, por sua vez entendida como uma disciplina autônoma, centrada no estudo das unidades lingüísticas caracterizadas por um significado vinculado, por meio da linguagem, à realidade biossocial. As demais são: a *lexicologia da expressão*, preocupada com as relações entre os vários significantes léxicos de tipo *amar-amante, cantar-cantador* e similares; a *lexicologia de conteúdo*, centralizada nas relações entre os significados léxicos como tais, caso dos sinônimos e antônimos; a *onomasiologia*, que se concentra na relação entre significante e significado, a partir do conteúdo; veja, como exemplo, o comentário sobre *cacareco*, páginas adiante.

A essas disciplinas básicas, costuma-se acrescentar ainda a *etimologia*, que trata da origem das palavras e a *onomástica*, que estuda a história dos nomes próprios e se divide em *antroponímia*, história dos nomes de pessoas, e *toponímia*, história dos nomes de lugares.

Veja, na seqüência, algumas questões situadas no âmbito da significação das palavras do nosso idioma.

Abastado e *abastecido*: em geral estão juntos

O primeiro, além de significar endinheirado, acaba sendo sinônimo do segundo, pois também significa provido do que é preciso para sobreviver e bem. Vem de *abastar*, palavra de formação vernácula, nascida da junção do prefixo *a* + *bast* (radical) + *ar*, sufixo formador do verbo, e que tem o sentido de **abastecer** ou **abastecer-se**: Abastou *a casa de mantimentos, diante do anúncio do aumento da gasolina.* Abastou-se *de livros para a longa estada na fazenda.* **Abastecido** é usado mais comumente com a significação indicada: *Saiu para viajar com o carro* abastecido *de suprimentos.* É claro que os **abastados** dificilmente deixam de estar **abastecidos**! **Abastecido** é da família de *abastecer*, verbo de origem controvertida, talvez relacionada com *bastar*, ou com o antigo *bastir*, sugere A. G. Cunha.

Abastardado tem algum mérito?

Muito pelo contrário: diz-se do que é degenerescente, degenerado, por extensão, de quem se corrompeu, do que foi falsificado, e daí para pior. É o particípio do verbo **abastardar**, de formação vernácula: *a* + *bastard(o)* + *ar*. Abastardado, *passou a ser evitado pelos amigos: era um convívio de risco.*

Abelhudo: metido como uma abelha

Palavra que se origina de abelha, com o acréscimo do sufixo *-udo*, que indica provido, cheio de. Diz-se usualmente de quem é bisbilhoteiro, intrometido. Mas pode também referir-se a astuto, ativo, desembaraçado, ardiloso. Dificilmente consegue escapar da conotação negativa: Abelhudo, *incomodava os amigos*. Não é atributo lisonjeiro, seguramente.

Aberração: no cerne, o desvio

Por força do prefixo *ab-*, que indica 'afastamento', desde a origem latina agregado ao radical *err-*, que implica a idéia de movimento, como atesta a sua presença no verbo *errar*, literalmente 'vagar'. A palavra latina de que resulta é *aberratione*, 'ato de afastar, desviar-se do caminho adequado', por sua vez termo derivado de *aberrare*, 'vagar, errar longe, extraviar-se'. Em sua acepção primeira, **aberração** nomeia o afastamento do que é tido como padrão, ou a condição irregular resultante de tal afastamento. Nas andanças do seu uso em português, adquire outros significados e, de acordo com o contexto lingüístico e a situação de fala, pode identificar anomalia, anormalidade, imperfeição, deformidade, monstruosidade: *O resultado da plástica converteu o seu antigo nariz numa* aberração. *O jeito foi retornar ao desenho antigo.* Também afastamento do bom senso, anormalidade: *Seu gesto diante dos pais teve a marca de uma* aberração. *Eles não mereciam o resultado das eleições que não evitou certas* aberrações *comprometedoras.*

Abismo tem fundo?

Só no radical *byssus* do termo grego *abyssus*. A presença do prefixo *a-*, indicador de 'ausência', garante o sentido literal à palavra: sem fundo. No percurso até o português, o latim *abysmus*, por sua vez, alteração do também latino *abyssus*, com o mesmo significado. Como lembra o filólogo Vitório Bergo, o termo latino foi usado por São Jerônimo "para designar o inferno", além de nomear, no rigor da acepção primeira, "o imensurável espaço entre o nosso planeta e a imensurável multidão dos corpos celestes". A rigor, "abismo sem fundo" é um pleonasmo: reiteração da mesma idéia confirmada num dos termos. A expressão freqüenta, entretanto, não apenas essa fala coloquial, mas ainda textos literários representativos. A origem longínqua e o empenho da expressividade autorizam o "fundo do abismo", notadamente quando se referem a amplos espaços verticais, seja em águas marítimas ou oceânicas, seja em terrenos montanhosos: *Jazia o antigo galeão no* abismo *sem fundo do mar alto. Da janela do helicóptero, a fenda do vale parecia um assustador* abismo *sem fundo.* O registro formal acolhe.

Abjeção não implica necessariamente *objeção*

A segunda vem do latim *objectione*, 'ato de pôr em frente, cobrir com, e, como se vê, mantém-se fiel ao significado original. Repare no radical e no prefixo: *ob-* indica 'em frente, diante'; o *je-* traz a idéia de 'jogado, lançado', é o mesmo radical, modificado, de *adjetivo*, a rigor 'lançado, jogado junto', desde o latim *adjectivus*, da família de *adjicere*, 'dispor ao lado, lançar', associado a *jacere*, 'jogar, arrojar contra'. Está no *Houaiss* e em vários dicionários etimológicos. **Objeção** é algo que, efetivamente, se joga, se lança diante de um argumento, de um juízo de valor. Você se deu conta? O radical e a terminação continuam os mesmos em **abjeção**: só varia o prefixo, agora *ab-*, que indica 'afastamento', que, desde o latim *abjectione*, é o que mais se quer, diante de pessoas *abjetas*, ou seja, marcadas de baixeza, degradação, aviltamento.

Abordar: não caia do barco

Mesmo que seja em sentido figurado. O verbo vem do francês *aborder*: 'ação de atracar um navio ao outro, ir a bordo', o também francês *bord*, com o mesmo radical, indicava 'cada lado de uma embarcação'; literalmente, o verbo significa atracar uma embarcação a outra ou a um cais ou costa pelo lado, pelo bordo. Nos espaços do uso, ganhou distintas conotações, entre elas:

a) Atracar bordo a bordo em outra embarcação para tomá-la de assalto, ação comum nos relatos de aventuras de piratas: *Mesmo diante do tamanho da caravela pirata, o bravo capitão comandou seguro: abordar*!
b) Chegar até a borda: *Temerosa, a jovem* abordou *a cerca da casa, na expectativa de encontrar quem esperava*. Mas cuidado se pretende usar o verbo para indicar que vai tratar de um assunto, um tema ou algo do gênero: você estará incorrendo num *galicismo*, repelido pelo uso formal.
c) Para traduzir a ação de aproximar-se de alguém com determinada intenção, positiva ou negativa também: *Fascinado por sua beleza, não hesitou em* abordar *a jovem modelo à sua frente. Armas empunhadas, os meliantes* abordavam *de surpresa o desavisado turista*. Portanto, no primeiro caso, não **aborde**, interpele, e se quiser nomear a ação dos assaltantes, use *dirigir-se a*.

De onde vem a *abreugrafia*?

Essa designação é uma justa homenagem. A palavra nomeia o processo de fixar, em chapa fotográfica de dimensões reduzidas, a imagem resultante de radiografia. Origina-se do sobrenome do seu inventor, o médico paulista Manuel de Abreu (1894-1962). É uma alternativa mais prática para a *roentgenfotografia*, mais conhecida como "chapa de raios X", também uma homenagem, esta ao físico alemão Wilhelm Conrad Roentgen (1845-1923), Prêmio Nobel de 1901, descobridor dos raios X em questão.

Abscesso exige cuidado

Na área médica e na lingüística. Na primeira há que providenciar o imediato **tratamento**, pois se **trata** de acúmulo de pus, decorrente de infecção. Diz-se também da urina ou das fezes que se acumulam em sítios e vias corporais que não os próprios. Quando evolui rapidamente por força de reação a certas bactérias, os médicos o classificam como **abscesso** agudo ou quente e como **abscesso** frio. O frio é o que não deixa perceber sinais de infecção: o calor é um deles. Associa-se, provocado pelo bacilo de Koch, à tuberculose. É também usado para designar inflamação dentária, o que exige a pronta visita ao dentista, sob pena de sérias complicações. Em termos de grafia, admitem-se as formas *abscesso* e *abcesso*, mas é de boa valia assegurar a presença do *s* da primeira sílaba e os dois *ss* da última. É a regra, que mantém com ligeira adaptação a forma latina da origem: *abscessus*, 'ausência, afastamento'. Na formação desse latim o prefixo *abs-* (indicador de 'afastamento') e o radical *cess*, da família do verbo *cedere (cedo, cedis, cessi, cessum, cedere)*; 'caminhar, andar, acontecer, sair bem ou mal, aumentar progressivamente, prosperar, produzir efeito, ceder bens, morrer, renunciar ao que possui, errar' e outros. Dá para entender: o **abscesso** aumenta progressivamente; produz efeito. O sentido, obviamente, vincula-se à situação de fala, ao contexto vivido. Felizmente, os avanços da medicina contêm de modo rápido o seu progresso.

Abstinente é mais abrangente que *abstêmio*

Apesar do verbo comum na raiz de ambos: *abster-se*. Desde o latim, que registrava *abstinens, abstinentis*, 'que se priva de', *abstemius*, 'que não bebe vinho'; e *abstinere*, 'privar-se de, conter'. A idéia de afastamento está indicada pelo prefixo, *ab-*, o **abstinente** se abstém de qualquer coisa; o **abstêmio**, só de bebidas alcoólicas; essa significação se vincularia à derivação de um provável substantivo *temus, temum*, que, em latim, designaria uma bebida inebriante ou uma planta de que se extraía um licor fermentado. É a hipótese do renomado latinista Alfred Ernout e do lingüista Antoine Meillet.

Entre o *aclive* e o *declive*, cuidado, se dirigir

Em latim, do qual se originam, as palavras têm na base o substantivo *clivus*, 'ladeira, subida'. Daí, ainda em latim, *acclivis*, com o acréscimo do prefixo *ad-*, indicador de 'proximidade, movimento para', que faz a palavra referir-se a algo que tem se inclinado para o alto, sentido que permanece no português. No **declive**, o prefixo *de-* inverte a direção e o substantivo passa a indicar superfície que, ao ser percorrida, vai tendo a altura diminuída, desde o latino *declivis*. Use com tranqüilidade, até porque, como dá para observar, é termo erudito, por força de sua proximidade com o latim. De qualquer forma, atenção, na descida ou na subida.

O adjacente jaz junto

Como o **subjacente**, embaixo. O radical é o mesmo do verbo de origem: *jacere*, 'jazer'. O prefixo *ad-* indica proximidade. Se **jaz**, não tem jeito: fica. Com a fatal conotação de finitude. Sem retorno, **jazente**. No **jazigo**.

O álibi não acentua a suspeita

Pelo contrário: se você o tem, prova que não estava no local do delito quando este aconteceu e, portanto, está isento de qualquer acusação. É esta a significação da palavra, sempre vinculada à verdade dos fatos. Cuidado! Uma pessoa não é seu **álibi**: pode ser testemunha que o comprova. A forma se mantém fiel ao latim, no qual significava 'em outro lugar': *Seu* álibi *era definitivo: a televisão o mostrava entre uma baiana e uma marroquina, em pleno delírio momesco no momento em que, longe do baile, ocorrera o crime.*

Não vacile na *alocução*

O perigo mora no significado e na confusão com o parônimo **elocução**. Parônimo é palavra parecida: literalmente nome (*onimus* em latim) que 'corre junto', como indica o prefixo *para-*

Alocução significa discurso breve, vem do latim *allocutione.* (Olha aí a correlação histórica *ti/ç*!) Se, por definição, é uma fala curta, é redundante dizer-se *rápida* ou *breve alocução*, certo? Já **elocução**, do latim *elocutione*, tem sentido mais geral: quer dizer modo de exprimir-se oralmente ou por escrito e também estilo, escolha de palavras: *É impressionante a fluência de* elocução *da escritora Nélida Piñon.* Os dois termos, aliás, pertencem à mesma família etimológica, ligada pelo ato de falar, codificado em latim no verbo *loquor, loqueris, locutus sum, loqui* e da qual também fazem parte loquacidade, loquaz, colóquio, coloquial, eloqüente, eloqüência, locutor, interlocutor, ventríloquo, solilóquio. Divirta-se, buscando-lhes os significados num bom dicionário!

Amoral ou *imoral*?

Cada um no seu espaço semântico. **Imoral** refere-se ao que não está de acordo com a moral: o prefixo *i(n)-*, no caso, indica 'negação, oposição'. Em **amoral**, o prefixo *a-* indica supressão, ausência de: **amoral** quer dizer indiferente à moral. A propósito, *moral* se liga a *moris:* 'costume, maneira de agir determinada pelo uso', daí o seu significado, como adjetivo: referente à moral, que age de acordo com os costumes considerados bons segundo os preceitos estabelecidos pela sociedade ou por determinado grupo social para o convívio comunitário. *Conheço-o de longa data e nada sei que desabone a sua conduta* moral. Usado como substantivo, o termo, se masculino, traduz disposição de espírito para agir, espírito de luta: *Nosso grupo estava* de moral *elevado*; se feminino, denota conjunto de determinados valores (bondade, necessidade e outros) universalmente considerados como norteadores positivos das relações sociais e da conduta humana: *Era um defensor* da moral *e da justiça.*

Animar mexe com a alma

Na verdade, no rigor do termo, quer dizer dá alma, dá vida. É ver o verbo latino de que se origina: *animare*. Outra coisa não fez o Criador ao imprimir seu sopro ao barro de que viemos, na figura do primeiro homem. Por extensão, na dependência da situação de fala e do contexto lingüístico, pode significar ativar, avivar, despertar, intensificar, fomentar, encorajar; como pronominal, recuperar-se, decidir-se. **Anime-se**, viva!

Aniquilar: tudo ou nada?

Nada. A rigor, reduzir a nada. Por força do verbo de origem: *anihilare*, com o mesmo sentido em latim, onde é da família de *nihil*, 'nada', 'coisa nenhuma'. Você está intrigado com o *q*? O *Houaiss* esclarece: em latim eclesiástico, a pronúncia de *nihil* era *nikil*, abonada por *anichillar* e *anjehilar*, já em português: Aniquilou *todas as resistências da família: casou com a amada dos seus sonhos*. Por extensão, você pode usar, sem ferir o registro formal, com outros significados: tornar sem efeito, abater-se física ou moralmente, ficar deprimido: *Com um único voto na urna eletrônica, e nem sequer era o dele, ficou* aniquilado.

Antropônimos têm a ver com homem?

Na origem, sim; no significado vai mais longe um pouco. A palavra foi criada pelo filólogo e etnólogo português José Leite de Vasconcelos, em 1887, para designar o nome próprio de pessoas ou de seres personificados; corresponde ao nome, prenome ou nome de batismo. Coletivizou-se sem maiores problemas e passou a freqüentar tranqüilamente o mercado verbal. Na base da formação, os termos gregos *antropo(s)* 'homem', e *ônimos*, 'nome'. Na família, *antroponímia*, estudo dos nomes próprios.

Você gostaria de ser um cidadão *apatacado*?

Se eu fosse você, não pensaria duas vezes: você seria um indivíduo cheio de dinheiro, abonadíssimo: o termo formou-se na nossa língua portuguesa a partir de *pataca*, nome de moeda usada antigamente, com acréscimo do prefixo *a-*, que indica aproximação, e *-ado*, sufixo formador de adjetivo. Quem sabe a loteria o surpreenda? Mas cuidado com os desafetos, que, ao adjetivá-lo, poderão estar confundindo você com um exemplar de eqüinos cuja característica é ter o pêlo marcado de manchas arredondadas, à semelhança de patacas: atenção no contexto!

Apoiamento é legítimo?

Tranqüilamente. A palavra atende, na sua formação, à chamada *tendência lingüística*, que, nas palavras de Serafim da Silva Neto, é "o conjunto de fatores ainda imprecisamente definidos que, numa certa área, numa época, orientam as mudanças em determinado sentido". O termo se faz, dentro do português, do acréscimo do sufixo *-mento*, formador de substantivo, ao verbo *apoiar*. Como acontece com *abastecimento, alheamento,* e dezenas de outros. É claro que disputa espaço no mercado verbal com *apoio*, este também derivado de *apoiar*, só que com redução de elementos. O tempo decidirá se um deles vai sobrepujar ou não o outro, ou se ambos vão conviver em igualdade de condições. Afinal, quem faz a língua é o povo, independentemente do *apoio* (ou **apoiamento**) dos filólogos ou dos gramáticos.

Não tropece no *apóstrofo*

Nem o confunda com a **apóstrofe**. Esta significa interpelação direta e imprevista. Vem do latim *apo**s**trophe*, por sua vez oriundo do grego *apostrophe*, 'ato de desviar, de despertar'. Veja o exemplo: no poema "Vozes d'África", de Castro Alves, há uma **apóstrofe** em que o enunciador interpela o Criador sobre o destino sofrido do continente negro: "Deus, ó Deus! Onde estás que não respondes/ Em que mundo, em que estrela tu te escondes, embuçado nos céus?" **Apóstrofo** é uma notação léxica que indica a supressão de fonemas, como em gota *d'água*, por exemplo. Na origem, o termo latino *ap**o**-str**o**phos*, emprestado do grego *apósthr**o**phos*, 'sinal indicador de supressão'. Lá está ele, no verso de Chico Buarque de Hollanda: "Deixa em paz meu coração/ Ele é um pote até aqui de mágoa/ E qualquer desatenção, faça não/ Pode ser a gota d'água."

Não se *apresse* em *apreçar*

Sob pena de perder um bom negócio. **Apreçar**, assim, com **ç**, pode ser, em função do contexto lingüístico e da situação de fala, 'discutir, ajustar preço, avaliar': *Não compre nem venda, sem* apreçar *o produto da negociação*; 'ter consideração por, apreciar, prezar': Apreçava *os familiares como poucos: era queridíssimo de todos.* A palavra se forma em português, com a acréscimo de dois afixos: o prefixo *a-* e o sufixo *-ar*. Porque é criada na nossa língua, é dita de formação vernácula. O ç resulta do *ti* latino de *pretium*, que deu *preço*. **Apressar**, com os *ss*, tem a ver com pressa e também traz na sua estrutura os mesmos afixos; pode significar 'acelerar': Apressou *a decisão sobre o preço do imóvel, para não perder o bom preço ajustado;* 'abreviar': *A notícia do prêmio na loteria* apressou-lhe *a temporada no exterior.*

Aprovisionar é de alta valia

Você fica abastecido, ou seja, com todas as provisões necessárias a uma viagem ou empreitada. Notadamente de alimentos. A **provisão**, na sua forma latina *provisione*, é a base da formação do verbo, já dentro do português, com o acréscimo do prefixo *a-* (que, no caso, indica 'aproximação') ao radical *provision-*, a que se acrescenta o sufixo *-ar*, formador de verbo. Observe que este sufixo, por sua vez, é constituído da vogal *a*, marca da primeira conjugação dos verbos, e de sufixo flexional *-r*, indicador do infinitivo. A propósito: o sufixo flexional, como o nome indica, caracteriza flexões verbais, como no caso, e flexões nominais, como nos diminutivos e aumentativos dos substantivos, por exemplo. Os sufixos que entram na formação das palavras são chamados pela gramática tradicional de *sufixos lexicais* porque são ligados ao *léxico*, ou seja, às palavras que fazem a língua.

Se é *argênteo*, é cor de prata

O adjetivo vem do latim *argenteus*, 'branco como prata, brilhante', sentido que permanece em português. Até porque se trata de um vocábulo erudito: praticamente se mantém fiel à origem. Numa frase: *Sob o brilho da* argêntea *lua, o mar se iluminava de ardentias.* **Ardentia** significa fosforescência, iluminação intensa, e costuma ser usada para designar aquela luminescência das águas do mar, geralmente provocada pelo brilho do sol ou da lua. Conheça ou recorde outros adjetivos do gênero, nunca se sabe quando será útil usá-los: *Um belo colar* adamantino *(de diamantes) refulgia no* ebúrneo *(de marfim) colo da artista deslumbrada. As pedras ganhavam destaque inusitado, em contraste com os* cinéreos *(de cinza) e azulados olhos, ainda que rigorosamente* glaciais *(de gelo). Olhares* ígneos *(de fogo) revelavam* férrea *(de ferro) admiração nas circunstâncias.*

Fim de festa: o céu plúmbeo *(de chumbo) escondeu o luar. Nuvens amareladas no horizonte lembravam flocos* fusfuráceos *(de farelo), apagado o brilho lácteo da paisagem. O ar encheu-se de repente de um cheiro* nítrico *(de salitre), e, os olhos* vítreos (*com aspecto de vidro*)*, o último conviva lançou-se às* salsas *(de sal) águas da praia que se estendia nas proximidades.*

Arrasar **é bem rasteiro**

Sem mistério: literalmente é tornar raso, por extensão, reduzir ao mesmo nível, e se você quiser sofisticar, horizontalizar. Leva ainda a destruir, provocar estragos significativos, física ou moralmente: *O temporal* arrasou-lhe *a casa e a alma. Depois de vinte horas de ônibus, chegou* arrasada *a Porto Alegre. A pobre estudante ficou* arrasada *com o resultado do vestibular.* Significa também perder todos os bens, arruinar-se. No mesmo espaço figurado, freqüenta a gíria, como sinônimo de lograr êxito, sair-se bem. *No segundo exame, a reprovada de antes* arrasou.

Arruinar**: o núcleo diz tudo**

Basta observar a origem vernácula do termo: *a-*, prefixo que indica 'aproximação', + *ruim (a)* + *-ar* (sufixo formador do verbo): o verbo significa literalmente 'levar à ruína', ou seja, a destroços, fazer desmoronar. *A seca prolongada* arruinou *a plantação de milho.* Por extensão, quem ou o que **arruína**, devasta, causa estragos, reduz a nada, provoca miséria, conduz a estados de decadência física ou moral; com o pronome reflexivo produz a autodestruição: *Coitado! Tomado pelo vício do álcool,* arruinou-se.

***Arteriosclerose* ou *aterosclerose*?**

As duas. Até porque designam coisas diferentes ainda que vinculadas ao mesmo sítio e com conseqüências similares: as artérias. De certa forma, a segunda é uma modalidade da primeira. A **arteriosclerose** é a destruição gradativa das fibras musculares que constituem as artérias: conduz a um endurecimento das suas paredes. A palavra é formada dos radicais *artério(o),* do grupo *artéria,* e *esclero(o),* do grego *sklerós,* 'seco, duro', acrescido do sufixo *-ose.* A **aterosclerose** se evidencia quando nelas se formam placas de gordura, chamadas de ateromas. Conseqüentemente, diminui o espaço em que flui o sangue, com sérios riscos para a saúde, entre eles certos distúrbios que se associam à caduquice. Na origem, o termo grego *athera,as,* variação de *athara,* 'papa feita com farinha', associado ao termo *sklerós,* e ao mesmo sufixo *-ose,* esclarece o *Houaiss.* No uso coloquial, a **arteriosclerose** predomina e a **aterosclerose**, salvo na linguagem da medicina, chega a provocar alguma estranheza. De qualquer forma, aos primeiros sinais, procure o médico.

O artigo e o *artelho*: o que é que os une?

São unidos na origem. Ambos vêm do latim *articulu*, diminutivo de *artus*, que significava 'pedaço, membro'. *Articulu* portanto designava 'pedacinho, pequena parte'. Em português, por força dos caminhos da língua, acabou tornando-se **artigo** e **artelho**. O primeiro passou por *artigulu*, e *artigoo*, até chegar à forma e aos significados atuais; o **artelho** passou por *artillo*, até chegar aos dedos do pé.

Assassínio ou *assassinato*, o crime é o mesmo

Ambos os substantivos nomeiam o homicídio voluntário e geralmente premeditado. Podem também designar, pura e simplesmente, "a destruição da vida humana, por ação ou omissão", a eliminação cruel de animais ou de vegetais, a destruição nefasta. Mas para alguns gramáticos exigentes, o delito, em qualquer caso, agrava-se se você designá-lo com o segundo termo: trata-se de um galicismo: veio do latim, do particípio do verbo *assassinare*, tudo bem, mas por influência do francês *assassinat*. Para eles, a palavra mais adequada é **assassínio**, que se origina do italiano *assassinio*, como explicita o *Houaiss* e também registra o *Dicionário etimológico* de A. G. Cunha. Na base deste **assassínio**, o árabe *hassassin*, consumidor ou bebedor de *haxixe*, por sua vez oriundo de *haxix*, 'cânhamo', na mesma língua árabe. A vinculação do sentido à ação criminosa prende-se aos usuários, também árabes, da droga: o termo *assassino* nomeava no século XI os integrantes de uma seita xiita fundada à época que, embriagados pela ingestão do haxixe, tinham o hábito de matar chefes muçulmanos ou cristãos. Está lá, no mesmo *Houaiss*. A propósito, outro membro da família, o verbo *assassinar*, também passa pelo italiano *assassinare*, por influência do francês *assassiner*. Como se vê, o importante é acabar com a violência e preservar a vida.

Astronauta ou *cosmonauta*?

Depende da nacionalidade: ambas as palavras designam quem viaja numa nave espacial, fora do espaço da atmosfera terrestre. A primeira origina-se da junção de *astro + nauta*, por influência do francês *astronaute*, inicialmente com o sentido de aquele que se dedica às pesquisas relacionadas com a *astronáutica*. **Astronauta** traduz o inglês *astronaut*, usado para nomear a pessoa que viaja fora da atmosfera terrestre ou se dedica ao estudo da *astronáutica*. É a forma preferida nos Estados Unidos. Já **cosmonauta**, viajante do espaço cósmico, traduz a palavra russa *kosmonaut*, usada para nomear a pessoa que realiza vôos naquelas paragens. Na formação, a junção de *cosmo*, 'espaço interestelar', e *nauta*, 'navegador, navegante'. Assim, os tripulantes ou passageiros das naves espaciais americanas são **astronautas** e os das naves russas, **cosmonautas**.

Na disputa pelo mercado verbal, uma delas acabará predominando. É, pelo menos, o que acontece com mais freqüência.

Cuidado, muito cuidado: *bimensal* não é *bimestral*!

O que é **bimensal** acontece duas vezes por mês; uma revista **bimensal** tem, portanto, dois números a cada trinta dias. Já o que é **bimestral** ocorre de dois em dois meses. Uma revista **bimestral** sai a cada dois meses. Cuidado, portanto, quando estabelecer prazos de liberação de dinheiro: confundir **bimensal** com **bimestral** pode levá-lo à inadimplência...

A blitz, a surpresa, a guerra e o plural

Blitz, em português, é palavra do gênero feminino, usada para indicar operação policial, militar, ou operação ligada a pesquisa, todas marcadas pelo inesperado, pela rapidez e pela surpresa: *A polícia militar vem realizando sucessivas* blitzes *na cidade. O Departamento de Trânsito do Rio de Janeiro aprovou um cronograma de* blitzes *nos principais pontos de acesso à Região dos Lagos durante o carnaval.* É, com esse sentido, uma redução do alemão *blitzkrieg*, termo formado de *blitz*, 'relâmpago', e *krieg*, 'guerra', e que significa, conseqüentemente, 'guerra-relâmpago'. O termo designava, na Segunda Guerra Mundial, operação ofensiva, poderosa e rápida. O plural **blitzes** resulta do aportuguesamento da palavra.

Boato tem a ver com boi?

Por incrível que pareça tem. Pelo menos na sua origem, o termo *boatus*, que, no latim tardio, queria dizer 'berro ou mugido de boi'. O substantivo vem do verbo *boare*, que tinha, entre seus tempos primitivos, a forma *boatum*. Na base do termo, também a expressão *bovum mugitibus*, em tradução livre, "com os mugidos dos bois". Repare como a idéia básica persiste no verbo *reboar*, do latim *reboare*. A palavra entra no uso português, segundo o *Houaiss*, lá pelo século XVI. Mas o filólogo Evanildo Bechara, cuidadoso e raro pesquisador, informa que só encontrou registro de sua presença em texto do padre Antônio Vieira, ou seja, no século XVII. E esclarece que depois é que passou a ter o significado atual: notícia de fonte desconhecida que circula num grupo restrito de pessoas. Antes, para traduzir essa significação, a palavra usada era *fama*, que, dependendo da situação de fala e do contexto lingüístico, também queria se referir à idéia de celebridade, a que sempre se vinculou. Quando a divulgação alcançava público mais amplo, a notícia virava *fama surda* e, por vezes, *fama falsa*. Ao longo do tempo, usou-se, e ainda se usa, a expressão *circular rumores*.

Como quer que seja, ainda que se diga que *onde há fumaça, há fogo*, dar curso a **boatos** ou ajudar na *circulação de rumores*, sobre ser etimologicamente pouco lisonjeiro, é também prática que compromete o divulgador da **boataria**, em muitos casos extremamente perniciosa.

Bossa: parece termo complicado

Por força dos vários significados: pode designar, de acordo com o contexto lingüístico e situacional: "protuberância anormal no peito ou nas costas, em função de desvio da coluna vertebral ou do esterno" (*Uma oportuna intervenção cirúrgica eliminou felizmente a* bossa *que tanto perturbava a vida da talentosa pianista*); "protuberância dorsal, parte da anatomia de certos animais, como o dromedário e o camelo" (*Em matéria de* bossa, *sou mais o camelo, que tem duas, disse o guia de turismo, animadíssimo*); "saliência do crânio, como indicativo de desenvolvimento de determinada faculdade intelectual" *(A* bossa *que ornava a sua cabeça era um indício de sua alta capacidade)*; "qualquer saliência boleada" (*Essa mesa está cheia de* bossas, *nada consegue equilibrar-se na sua superfície*); "pequena elevação no leito de uma estrada" (*Nenhum carro sobreviveria às* bossas *daquela estrada*); "inclinação para determinada atividade, vocação, talento, por vezes cultivado" *(Todos adivinhavam a* bossa *do jovem para a música)*; "virtude que faz alguém ser notado" *(Cheio de* bossa, *mobilizava as atenções onde quer que chegasse)*; "ginga, modo pessoal de andar" (*Se* bossa *fosse malandragem, o pato era o rei do terreiro"*). Na origem, está lá no *Houaiss*, a forma pré-romana *bottia* que, pelo francês *bosse*, antigo *boce*, chega ao português com os dois *esses*.

Cuidado com a *broxa*!

Use o **x** quando se referir ao pincel grande, usado na caiação e noutros tipos de pintura que não exijam maior apuro. Assim entendida, a **broxa** vem do francês *brouche*, atual *brosse*. Na origem, o possível termo latino *bruscia*. Em linguagem pejorativa, nomeia o indivíduo sexualmente impotente, que não consegue ereção. Se escrever o vocábulo com **ch**, você estará designando um prego curto, de cabeça larga e chata, a popular tacha, ou, por extensão, um pequeno cravo de ferro que os sapateiros usam para fixar a sola do sapato, antes de costurá-la. Essa **brocha** também é de origem francesa: vem de *broche*, por seu turno palavra oriunda de *brocca*, forma popular de *brocchus*, 'pontudo, saliente'. A família desta última abriga *abrochar* (unir, ligar, abotoar, afivelar, unir ou ornar com broche, apertar, franzir, retrair-se) e *brochura* (ação ou efeito de encadernar). É o que informa o *Dicionário* de A. G. Cunha. A questão, porém, não é pacífica: o *Houaiss*, por exemplo, propõe que a forma com **x**, a **broxa**, deve ser evitada e recomenda o emprego de **brocha** em todas as acepções. Já o *Aurélio Século XXI* registra as duas formas, com as diferentes acepções. No *Vocabulário Ortográfico da ABL* figuram também uma e outra: é a opção da prudência, enquanto o uso não fixar a preferência comunitária.

Bucho ou *buxo*: preste atenção no contexto!

Bucho é estômago. Basicamente de peixes e mamíferos. Entre eles, por extensão e com conotação desvalorizadora, o do ser humano, como sinônimo de barriga, também conhecida como ventre, abdômen, e mesmo papo: *Não queria outra vida a não ser ficar o tempo todo de* papo *pro ar. Não era sem razão que o* bucho *arredondado dava a medida da falta de exercícios físicos e dos seus despropósitos alimentares.* O caráter pejorativo está na base do uso metafórico com que designa, cruelmente, a mulher desprovida de beleza. O *ch* está aí desde o radical *buch-*, presente no português *bucha*, proveniente da antiga forma francesa *bousche*, 'punhado de ervas ou de palha'. Já o substantivo **buxo** designa uma espécie de vegetal bastante variada. Vem do latim *buxus*, 'nome de planta'.

Canalha: qual é a culpa do cão?

Nenhuma. A aproximação reside na origem: a palavra vem do italiano *canaglia*, 'grupo de indivíduos desprezíveis', em cuja formação é fácil descobrir o substantivo *cane*, que designa o animal, acrescido do sufixo *-aglia*, indicador de coletivo e carregado de conotação pejorativa. Diz-se precisamente de quem é desprezível e vil, reles: um **canalha**. Facilito o seu trabalho de consultar o *Houaiss* ou o *Dicionário de sinônimos*, de Antenor Nascentes, e relaciono numerosos sinônimos de que, em função do contexto e de sua eventual abjeção, você pode dispor: abjeto, baixo, bocório, cafajeste, chulo, desbriado, sem brio, desgraçado, desonroso, desprezível, escroto, espúrio, ignóbil, ignominioso, imundo, incorreto, indecoroso, indigno, infame, inominável, inqualificável, intolerável, mal-afamado, mariola, mesquinho, miserável, mísero, moleque, mucuja, obnóxio, odioso, ordinário, pangarave, patife, pífio, pulha, rebaixado, reles, ribaldo, sacana, sem-vergonha, soez, velhaco, vergonhoso, vilão. Não será por falta de adjetivos que você vai deixar de desopilar o seu fígado!

Você tem ***carisma***?

Parabéns. Você é um privilegiado: exerce um fascínio excepcional sobre os outros, tem tal capacidade de sedução que é capaz de despertar, de imediato, a simpatia e o entusiasmo de multidões. E sem nem saber por quê. É um atributo que vai mesmo além da pessoa. Certas agremiações, como clubes de futebol, escolas de samba, trazem essa marca. Tão poderosa que, em termos religiosos, é considerada um dom divino de determinados indivíduos, por ele aquinhoados para que possam promover o bem da comunidade. Esse sentido de graça e benefício já estava no grego da origem, o substantivo *kharisma* e permaneceu no latim *charisma*, situado no percurso até a nossa língua portuguesa: *O* carisma *do candidato ao cargo majoritário garantiu-lhe uma das maiores votações de todos os tempos nas eleições democráticas realizadas no país.*

Carioca: casa de branco

Na provável origem tupi *karioka, de kara 'iwa*, 'homem branco' + *oka*, 'casa', como designativo do que se relaciona com o Rio de Janeiro, de quem nasce na Cidade Maravilhosa, ou nela mora. A etimologia do termo não é tranqüila. Mesmo Antenor Nascentes, que a indica, observa, como registra o *Houaiss*, que a identidade de tal "homem branco" e o lugar exato da "casa" constituem problemas históricos. Admite, entretanto, que um *branco* construiu, efetivamente, num determinado momento, uma *casa*, distinta das moradias indígenas, perto da foz do rio com esse nome que desembocava na altura da Praia do Flamengo: suas águas abasteciam a cidade, cujos moradores receberam o apelido de **cariocas**. Já o estudioso Aloysio Jorge do Rio Barbosa, em ensaio intitulado "Carioca — Iberismo ou paralelismo?", sugere, fundamentado em documentos, que a palavra tem história mais longa e mais antiga: era usada como topônimo na Península Ibérica, em tempos de Idade Média. Se você quiser conhecer seus argumentos, vale a leitura: veja a fonte na bibliografia do final deste livro. Origens à parte, ser **carioca** acaba sendo um estado de espírito, condição de quem vive nesses sítios, tanto que os naturais da terra se autoproclamam *cariocas da gema*, metáfora de fácil entendimento. O termo já teve caráter pejorativo como informa ainda o *Houaiss*, pelo menos durante o século XIX e os começos do XX, tempo em que fluminense se vinculava à província ou Estado e à cidade e **carioca** designava seus habitantes. Posteriormente esta última designação reservou-se aos habitantes do Rio, que, em termos do Estado, unidade da Federação, continuam sendo fluminenses. Para além do Pão de Açúcar e do Corcovado, o termo assumiu outras significações dicionarizadas: nomeia quem tem pintas na pele, em Minas Gerais; pessoas de raça negra, e até uma espécie brasileira de porcos domésticos. No Rio e fora dele, designa também o café ou o chá enfraquecido com mais água: *Não gostava de café forte: preferia um* carioca.

O carnaval: festa da carne?

Na origem do termo, literalmente: corresponde ao *carnevale*, italiano, possivelmente oriundo de *carnelevare*; este, por sua vez, viria da expressão *carne(m) levare*, latina, que dava nome ao 'ban-

quete de adeus à carne como alimento realizado na noite anterior à Quarta-feira de cinzas, início da quaresma'. Quem esclarece é o filólogo Evanildo Bechara, que lembra ainda um fato sintomático: os italianos chamam a Semana Santa de *Settimana Grassa*, e a quarta-feira de *martedí grasso*, com esse adjetivo que significa 'gorduroso, untuoso'. O significado permanece na *semaine grasse* dos franceses. *Grasso* resulta da contaminação de *crassus* com *grossus*, lembra ainda o filólogo, que associa o adjetivo à denominação da terça-feira gorda. Como se vê, os carnavais mudaram...

Entre *cerrar* e *serrar*

Não vacile, para não correr riscos. Com *c*, você fecha, bloqueia uma abertura; junta partes separadas; com *s, você corta com serra* ou com serrote, divide, em pequenos grupos, cartas de um baralho, entre outros jogos. O primeiro termo vem do espanhol *cerrar*, com o mesmo sentido, oriundo do latim tardio *serare*, da família de *sera*, 'ferrolho, fechadura'. **Serrar** tem origem no latim *serrare*, por sua vez derivado da também latina *serra*, 'instrumento denteado que servia para serrar madeira'. *Serra*, como montanha, resulta, inicialmente, de uma *metáfora*, uma figura de linguagem que consiste em usar uma palavra com um sentido que não é o próprio, para substituir outra, a partir de uma relação de semelhança entre ambas. Se essa origem é esquecida quando se usa a palavra, temos uma *catacrese*. É o caso. Cerre *qualquer concessão aos que* serram *madeiras nobres em fase de extinção, defenda a natureza.*

Chauvinismo é *galicismo*, mas o que se há de fazer?

Galicismo é palavra ou construção afrancesada, como é o caso. O termo vem de *chauvinisme*, e se pronuncia "chovinisme", que significa nacionalismo exagerado, radicalismo. Por extensão, designa também a atitude própria de quem o cultiva, *chauvinista*. As formas aportuguesadas *chovinismo* e *chovinista* ainda não se encontram abonadas nos bons dicionários. O tempo possivelmente as autorizará. É uma solução pertinente, sobretudo em função da pronúncia das palavras. O termo pode ser entendido também, como propõe Moacir Werneck de Castro, como xenofobia, ou seja, aversão a pessoas e coisas estrangeiras: *Tratar com* chauvinismo *as questões da língua é ignorar a dinâmica que preside o seu funcionamento.*

Do *cível* e do *civil*

São sinônimos, com matizes. **Cível** relaciona-se com o Direito Civil, ou seja, como esclarece o *Houaiss*, "o corpo de leis e princípios que regem as relações de ordem privada entre os indivíduos, os aspectos referentes à pessoa, à propriedade e bens, e aos direitos e obrigações daí decorrentes". **Civil** se usa mais como referência ao cidadão em termos de comportamentos sociais; aplica-se também ao que não é militar ou religioso. A etimologia é comum: lá está o latim *civilis*, a designar o que pertence ao cidadão, o que se refere à cidade.

Cuidado quando *colocar*!

De repente, **colocar**, talvez por influência alienígena, passou a significar apresentar, expor, trazer à discussão, quase sempre ligado a uma opinião, a uma tomada de posição. Sintaxe nova, virou moda. E muita gente passou a *colocar* e *fazer uma colocação* a propósito de tudo, a propósito de qualquer situação. Como todo modismo, perde expressividade por excesso de uso, além de soar artificial, e é provável que tenha duração efêmera. Como quer que seja, convém reservar o verbo para os sentidos tradicionais de pôr em algum lugar, empregar, aplicar, situar ou dispor geograficamente, estabelecer, instalar, conseguir emprego: coloque *o livro na estante*, coloque-se *na fila do pagamento*. Coloque *suas economias na caderneta de poupança*. É o campo semântico do verbo latino da origem *collocare*, 'pôr no lugar, dar lugar'. Na estrutura, o prefixo *cum-* + o radical *loc-* o mesmo de *locus, i*, que deu *lugar* em português.

Comemorar não é comer junto

Embora se junte a banquetes. No sentido literal, o verbo se liga a memória. Por força do latim de sua origem: *memorare*, 'lembrar, rememorar'. O prefixo *com-*, desde sempre ali presente, acrescenta a idéia de conjunto, aproximação: **comemorar** é lembrar junto, a que se acrescentou o sentido de *festejar*. Comemore *seu aniversário, mas não exagere nos doces e na bebida*.

Entre o *concerto* e o *conserto*, não vacile

Para não perder o espetáculo, indicado pelo primeiro. **Concerto** deriva de *concertar*, na sua acepção de fazer soar, harmonizar, pôr em boa ordem, oriundo do latim *concertare*, 'discutir, disputar'. Agora, se você não está pensando em arte ou lazer cultural, mas nos reparos de uma peça ou até de certas pessoas, use a forma com *s*. Esse **conserto** vem, por derivação regressiva, de *consertar*, verbo oriundo do latim *consertare*, 'pôr em boas condições o que estava estragado, danificado': *O* conserto *do piano era fundamental para a realização do* concerto *sinfônico*. A derivação regressiva é o processo de formação de palavras que consiste em criar termos por analogia, com a supressão do sufixo.

Conduzir **é levar junto**

Desde o latim *conducere*, em que se associa o prefixo indicador de simultaneidade, e o verbo ***du****cere*, 'levar, conduzir'. Na família, palavras como *reduzir, produzir, introduzir, produção, redução, introdução. O lema do estado de São Paulo é bem ilustrativo*: non ducor, duco — *não sou* conduzido, conduzo.

Faça tranqüilamente *conjeturas* (ou conjecturas) sobre a *conjuntura*

A **conjetura** (ou **conjectura**) é o mesmo que *suposição*. Na origem, a latina *conjectura*: 'juízo presumido'. A **conjuntura**, do latim *conjuntura* — em que é fácil identificar o prefixo *con-*, que indica 'concomitância, simultaneidade', e o radical *junt-*, que centraliza a idéia de 'junção' —, refere-se, por isso mesmo, ao conjunto de acontecimentos, às circunstâncias que envolvem algum fato. *Faltavam elementos relacionados com a* conjuntura *nacional: era impossível adiantar qualquer* conjetura *(ou* conjectura*) sobre o que aconteceria num futuro próximo.*

Conjugar **tem a ver com casamento?**

De certo modo, sim. No verbo, como na relação entre marido e mulher, está presente a idéia de submissão aos mesmos princípios, ao mesmo jugo. É o que deixa perceber o significado de *cônjuge*, designativo do esposo e da esposa, em latim *c**o**njux, conjugis*. No latim, *conj**u**ngere* significava 'unir pelo casamento', este verbo pertence à família de *j**u**ngere*, 'atrelar, juntar', com o mesmo radical.

A *cordialidade* e o *coração*

São palavras unidas pela origem: **coração** vem do latim *cors, cordis*, termo que designa esse órgão vital. À família pertence o adjetivo *cordial*, em latim medieval *cordialis*, de que a **cordialidade** se origina com o acréscimo do sufixo *-idade*. Ser **cordial** é ser movido pelo coração, pelo sentimento afetivo: *A* cordialidade *aproxima as pessoas.*

Crônico, cronologia: no fundo, um deus devorador grego.

Na mitologia grega, *Cronos* era o Tempo. Filho de Urano, o céu constelado, e de Vesta, a Terra. Ele castrou o pai e assumiu o poder, ordenando as coisas do mundo. Avisado pelos Oráculos, esses temíveis senhores da informação, de que, por sua vez, também seria destronado por um de seus filhos, passou a devorá-los assim que nasciam da mãe Réia. Não adiantou: quando a indigitada genitora deu à luz Zeus, usou de um estratagema para salvar o nascituro: enrolou uma pedra num lençol e Cronos engoliu-a, na ilusão de que fosse o recém-nascido. Cumpriu-se a previsão oracular: Zeus destronou o pai, assumiu o poder, fez-se Senhor do Olimpo, a morada dos deuses, e passou a zelar por todos os seres do mundo. O adjetivo, com seu significado de 'relativo ao tempo', vem do latim *chronicus*, com o mesmo sentido, por sua vez adaptado do grego *khronikós*. No radical, a reminiscência do mito: nada mais devorador do que ele, o tempo. Na **cronologia**, o grego *kronologia*, formado de *kronos* + *logia*, 'estudo', por isso mesmo com o significado de estudo ou ciência do tempo. A família etimológica é das mais numerosas. Fazem parte dela, entre outros: *crônica, cronicão, cronicidade, cronista, cronografia, cronógrafo, cronográfico, cronograma, cronologista, cronômetro, cronometragem, cronometrar, cronometria, cronométrico, cronometrista.* Não é de estranhar: afinal, o tempo é uma realidade onipresente no percurso de nossa precária humanidade.

É *cumprimento* ou *comprimento*?

Com o primeiro, você saúda e também realiza, executa. Vem de *cumprir*, do latim *complere*, 'preencher, completar', em que você vê o prefixo *com-*, 'junto', e o verbo *plere*, 'encher', a cuja família pertence o adjetivo *pleno*. Com o segundo, tomado de um antigo *comprir* e do sufixo *-mento*, você indica que se trata de algo *comprido*, extenso.

Não confunda *Cupido* com *cúpido*

Você corre o risco de perder um bom casamento. **Cupido**, *Cupidinis*, é, na mitologia romana, o Deus do Amor, filho de Vênus e de Marte. Costuma ser representado, freqüentemente, com asas e com os olhos vendados, e armado de arco e flecha. Dá para entender a sutileza? **Cúpido** é um adjetivo. Oriundo do latim *cupidu*, quer dizer, desde a origem, ávido, ambicioso, avarento. *Sua fama de* cúpido *era tal, que nem as artimanhas de* Cupido *conseguiram mudar o seu caráter: preferiu desistir da paixão, trocando-a por um bom partido.*

A *delação* não se recomenda, mas a *dilação* não tem nada a ver com isso

Delação é denúncia, acusação, divulgação de ato secreto ou que se ignora. Vem do latim *delatione*, é palavra da mesma família etimológica de deferente e diferente, você se deu conta? **Dilação**, também da família — olhe aí o mesmo radical —, traz o prefixo *di-* que indica 'separação, movimento para vários lados': o termo significa prorrogação, adiamento. Ao fundo, o verbo latino *diferre*, 'conduzir, levar para fora', cujo supino é *latum*, 'conduzido, levado'.

A dilação *do prazo de inscrição no concurso foi extremamente benéfica para vários profissionais interessados. A* delação *de novos implicados no escândalo financeiro acelerou a apuração das responsabilidades.*

Denegrir pode gerar equívocos

Denegrir quer dizer enegrecer, tornar negro, tornar escuro: *De repente, nuvens espessas* denegriram *o céu: a tempestade anunciava-se violenta.* Em sentido figurado, significar manchar, macular: *Sua atitude na separação* denegriu-lhe *a imagem.* O risco é querer descobrir na palavra, ligada ao colorido, conotações racistas. Se certos cosméticos *denigrem* os cabelos, isso nada tem a ver com questões étnicas.

Desabrido tem a ver com *desabrir*?

Em termos. **Desabrido** significa violento, insolente, malcriado, rude ou descontrolado. Daí podermos dizer palavras *desabridas*, falar de ventos *desabridos*, de discursos *desabridos*: *Nin-*

guém suportava a petulância e a inconveniência de suas palavras desabridas. Sobre a origem, há controvérsias: para alguns estudiosos, o termo seria cognato de abrir; para outros, de sabor e saber; outros mais a vinculam a *dessaborido*, de sabor, palavra, por sua vez, de origem espanhola. **Desabrir** forma-se de des + abrir; quer dizer exprimir, deixar, irromper, extravasar: *Apaixonada, a jovem* desabriu *tudo que ia no seu coração.* Quando pronominal, passa a significar encolerizar-se, irritar-se, malquistar-se com alguém, abrir mão: *No hospital, o pai desesperado* desabriu-se *diante da lentidão do atendimento ao filho acidentado. No outono dos seus setenta anos,* desabriu-se *de todas as ambições materiais.*

Descriminação ou *discriminação*?

Mais uma vez, depende do que você quer dizer. O primeiro termo traduz isenção de crime. O prefixo *des-* indica 'supressão', no caso. O radical *crim-* é o mesmo de *crime*. Com *i* na primeira sílaba, você pode cometer o crime do preconceito: *discriminar*, além de significar distinguir, discernir; é também segregar, pôr à parte, tratar de maneira desigual, em função de características pessoais, étnicas, sociais, ideológicas, etc., um indivíduo ou grupo de indivíduos. O prefixo *dis-* aí está indicando 'movimento para vários lados, separação'. **Discriminação** vem do latim *discriminatione*, 'separação'; **descriminação** associa-se ao verbo *descriminar*, de formação vernácula.

Desmitificar, *desmistificar*: não confunda

O primeiro verbo significa desfazer mitos, torná-los sem sentido, observada a complexidade de significação do substantivo. **Desmistificar** tem em comum a ação indicada, mas com referência à *mistificação*, entendido o termo como 'o ato ou efeito de enganar alguém, de induzir ao erro'. Cuidado. *Bastou um pênalti perdido para* desmitificar *o goleador. A colher não entortou e* desmistificou *todo o discurso do falso prestidigitador.*

Destrinchar, destrinçar, trinchar, algo em comum?

No caso dos dois primeiros, só a forma é diferente. **Destrinchar** é a variação popular de **destrinçar**. O sentido é o mesmo: separar os fios, desenlear, desenredar, resolver, esmiuçar: *O processo do desvio de verbas da empresa estava difícil de* destrinçar. Já a significação de **trinchar** é outra, embora guarde alguma aproximação: a palavra vem do francês antigo *trencher,* atual *trancher*; quer dizer cortar, separar as partes. Aplica-se com freqüência ao ato de cortar a carne que se serve à mesa: *O Corso era médico:* trinchava *um peru natalino com arte de cirurgião.* Usa-se também para indicar o recorte de bainhas de roupa.

o *diferente* e o *deferente*

Deferente é quem emite despacho favorável, diante de uma solicitação, *defere,* assina o *deferimento.* Indica também quem é atencioso, quem tem consideração, respeito pelos outros. Na origem o latim *deferens, deferentis,* particípio presente de *deferre.* Observe a presença do radical *fer-* do verbo latino *ferre,* 'conduzir, levar', e o prefixo *de-,* que indica movimento para fora. O que é *deferir,* literalmente, senão 'mover, conduzir para fora'? No percurso para o português, está o francês *déférent.* Em **diferente** (do latim *diferentis*) o radical é o mesmo; muda o prefixo, agora *di-,* que indica movimento para vários lados: *O* deferente *atendeu às* diferentes *petições com presteza e justiça.* Em tempo: **deferimento**, 'despacho favorável' e **diferimento**, 'adiamento', são palavras da mesma família etimológica: têm o mesmo radical *fer,* que as une. O mesmo acontece com **deferência** e **diferença**.

Docente é quem ensina, e *discente*?

O primeiro refere-se, portanto, a professor, a magistério. Vem do latino *docere,* 'ensinar'. **Discente** é quem aprende, vem do latim *discere,* aprender. Não confunda os dois termos com *decente,* do latim *decente,* por sua vez ligado ao particípio do verbo *decere,* 'ser conveniente, ter decoro', um adjetivo que significa honesto, comportado segundo os costumes. *Os* discentes *optaram por uma alternativa* decente*: apoiaram as justas reivindicações dos* docentes.

Elitismo **é palavra pejorativa?**

Elitismo é da família de *elite*. Esta última é a francesa *élite*, aportuguesada, desde a origem usada para designar 'grupo social privilegiado'. Divide espaço semântico com a nata da sociedade, o grupo de escol, mas com emprego predominante. Pode também indicar grupo especializado, de alto padrão profissional: *Estava presente, na festa da Academia, a* elite *dos escritores brasileiros.* Incorporado ao mercado verbal brasileiro, o termo fez-se tão presente que, na sua esteira, surgiram inúmeras palavras, como *elitista, elitismo, elitização, elitizador, elitizar*, quase sempre com conotação discriminatória. A tal ponto, que este último verbo veio a opor-se a *massificar*. Cuidado com as conotações, ao utilizá-las.

Entre ***eminente*** e ***iminente***

Eminente diz-se de quem é notável, superior aos outros, muito acima do que está em torno, excepcional. Vem de ***e****minens, emi****n****entis*, 'elevado, sublime'. **Iminente**, do latim *imm****i****nens, immin****e****ntis*, 'que está pendente, que está perto de', é o que está próximo de acontecer.

A vitória iminente *nas eleições entusiasmava os* eminentes *líderes do partido. O povo abrigava-se na esperança.*

Emissão não é *imissão*

Não confunda: **emissão** tem origem no *emissione*, o ato de expelir de si, 'pôr para fora de si, pôr em circulação, fazer ouvir'; na Física, é "o desprendimento de energia de um sistema de forças sob a forma de partículas ou de energia radiante"; **imissão** vem de *imissione*, 'ato de pôr para dentro, fazer entrar, investir em'. Na base das duas o verbo latino *mittere*, 'enviar, mandar'. O prefixo *e-* aí está, indicando 'movimento para fora' e o prefixo *i(n)-*, 'movimento para dentro'. Da família fazem parte, entre outros, *demitir* (a rigor, mover para fora), *permitir* (consentir em, mover na totalidade, dar liberdade); *remeter* (mover novamente). *A* emissão *de papel-moeda fez-se, de repente, necessária. O juiz, diante dos autos relacionados com o imóvel em litígio, determinou a imediata* imissão *de posse.*

Escrutínio: vote certo, escreva também

Escrutínio é a escolha por meio de voto em urna, inclusive a eletrônica; nomeia também a própria urna e estende-se ao processo de apuração: *O jovem poeta foi eleito para a Academia Brasileira de Letras no primeiro* escrutínio*, com maioria absoluta de votos. Depois do* escrutínio *dos votos, o presidente incinerou as cédulas.* O termo vem do latim *scrutinium*, 'pesquisa, sondagem, visita, revista'. Houve tempo em que foi, graficamente, *escrotínio*, mas o *u* de origem reassumiu o seu lugar. Felizmente.

Ainda *estada* e *estadia*

Essa é briga antiga. **Estada** é, e sempre foi, o ato de estar, a permanência. **Estadia** é o prazo concedido, para carga e descarga, a um navio ancorado num porto; é, portanto, uma estada por tempo limitado. O emprego de **estadia** como **estada**, bastante freqüente na fala cotidiana de brasileiros e também de portugueses, é considerado por muitos fora do padrão formal. O tempo que você passa em algum lugar é uma **estada**. Veja nos exemplos: *Aproveitei a* estadia *do transatlântico no Rio de Janeiro para uma* estada *em Petrópolis.* Ou: *Durante a minha* estada *em Fortaleza, choveu todos os dias.* Por força do uso, a **estadia** vai acabar abrangendo os dois significados. E, por favor: sem acento — a *estádia*, do grego *stádia*, 'medida de comprimento', indica, em português, um instrumento usado para medir ou avaliar distâncias.

Eutanásia tem a ver com *distanásia*?

Tem. O mesmo radical: *tanat* — do grego *thánatos*, que significava 'morte'. Você reparou que a diferença está nos prefixos também gregos? *Eu-* significa 'bem' e *dis-*, 'dificuldade'. Segundo os dicionários, a primeira nomeia "o ato de proporcionar morte sem sofrimento a um doente atingido por sofrida doença incurável", e **distanásia** quer dizer "morte lenta, com grande sofrimento". Uma novidade: à luz da origem, os vocábulos deviam ser paroxítonos: *eutanasia* e *distanasia*. Essa mudança do lugar do acento tônico é bastante comum na história das palavras do nosso idioma, notadamente em termos de origem grega. Veja-se, por exemplo, *autópsia*, na origem *autopsia*, 'ato de ver com seus próprios olhos'. Observe que *necropsia* ainda resiste.

Entre o *extático* com *x* e o *estático* com *s*

Decida-se: se quiser dizer que se encontra em atitude de êxtase, de contemplação, use a primeira palavra. Mas se pretende indicar que permanece paradão, hirto durante algum tempo, use a forma com *s*. **Extático** vem do grego *ekstatikós*, 'causador de perturbação mental', e **estático**, do grego *statikós*, 'o que não é dinâmico, não é ativo'. Como se vê, o *x*, em certos casos, é fundamental.

Diante do *extrato*, cuidado para não ficar nas nuvens!

O que acontecerá, certamente, se você escrever a palavra com *s*. **Estrato**, do latim *stratum*, 'coberta, cobertura', da família do verbo *sternere*, 'estender por cima', refere-se a um tipo de nuvem e também a uma camada sedimentar. Com *x*, o termo pode indicar documento bancário, demonstrativo de seu movimento financeiro, e também pode ser usado como sinônimo de perfume, essência. Vem do latim *extractum*, 'extraído', da família de *extraere*, 'arrancar', 'extrair', 'tirar'.

Extrínseco está por fora

Não o confunda com o antônimo **intrínseco** e aplique os adjetivos adequadamente. Este último indica o que integra, o que é parte daquilo a que se refere, é inerente a ele. Seu oposto aponta o que não é parte essencial. No cerne de ambos, o sentido de *secus*, palavra latina que queria dizer basicamente 'junto a, ao longo de'. Associados, os prefixos, também latinos, *extra-*, 'fora, por fora', e *intra-*, 'dentro, por dentro': *O êxito de certos livros nem sempre está associado às suas qualidades literárias* intrínsecas. *A nossa equipe perdeu o jogo por força de circunstâncias* extrínsecas. Na área médica, registram-se enfermidades **extrínsecas**, ou seja, aquelas que se originam fora das partes onde se encontram ou atuam. Os dois termos também se aplicam, em anatomia, à caracterização da natureza dos músculos, que podem ser **extrínsecos**, ou seja, aqueles que apenas envolvem um órgão, mas não fazem parte da estrutura dele, e **intrínsecos**, os que dela são integrantes.

Exultar de alegria é redundância

Exultar, desde a origem latina *exultare*, significa alegrar-se ou regozijar-se ao extremo, manifestar grande alegria, com alvoroço. Diante de um grato acontecimento, exulte, simplesmente: Exultei! *Minha filha entrou para a faculdade!*

Famigerado não é faminto

Famigerado é, na origem, o que tem fama, o célebre, o famoso, o notável. Origina-se do latim *famigeratus*, com o mesmo sentido e ainda com o de 'divulgador de notícias'. Até o século XIX, era comum ser usada com valor positivo; há exemplos de referências a clérigos **famigerados**

na oratória, a **famigerados** romancistas. O termo acabou sendo atribuído com muita freqüência a malfeitores famosos, portanto de má fama, e contaminou-se desse valor negativo. Por força, talvez, da proximidade de *fama* (em latim *fama*) com *fome* (em latim *fames*) e de *gerado* com o particípio de *gerar*, o uso popular passou a adotar **famigerado** com o sentido de 'esfomeado', de 'faminto', como registra o *Aurélio Século XXI*, equívoco que deve ser evitado no registro formal.

Não se iluda com *feitiços* e *fetiches*

Feitiço é encantamento, coisa feita. Dependendo do contexto e da situação de fala, pode ser altamente lisonjeiro — *A bela jovem envolvia a todos com o* feitiço *dos seus olhos* — ou extremamente negativo: *Perdeu o emprego, a mulher deixou a casa, traças devoraram seus livros de estimação, seu cachorrinho morreu atropelado, torceu o pé ao descer uma escada: só podia ser* feitiço! **Fetiche**, está no *Houaiss*, designa "objeto a que se atribui poder sobrenatural ou mágico e a que se presta culto" e também "objeto inanimado ou parte do corpo considerada possuidora de qualidades mágicas e eróticas": *Guardava adolescente, como um* fetiche, *o lenço sujo do batom do seu primeiro beijo.* As duas palavras são irmãs. Quase gêmeas na origem. **Fetiche** é a forma que o *feitiço* do português ganhou em bocas francesas. Na formação do **feitiço**, o particípio do verbo fazer, *feito*, associou-se ao sufixo *-iço*, e o termo ganhou sentido negativo. De tal modo, que o autor de **feitiços** passou a chamar-se **feiticeiro**, e certos malefícios costumam ser atribuídos, na fala popular, a "coisa feita". No percurso da palavra, agregaram-se os dois sentidos que passara a ter.

Fezes? Só no plural e com discrição

E com o sentido que permaneceu de excrementos, matéria fecal. Foi o que ficou. É claro que, diante de certas circunstâncias, você pode também usá-la em sentido figurado. Curiosamente, a palavra já se ligou a metais preciosos e foi rica de acepções. Desde sua origem latina, quando era *faeces* e significava, além do sentido atual, 'lama, lodo, borra de líquidos, elementos impuros, escória'. E freqüentava sem nenhuma ressalva o discurso cotidiano: os romanos, assinala Celso

Pedro Luft no seu *Romance das palavras*, chamavam os dias de céu limpo de "dia sem fezes", e se referiam às marcas do vício e da maldade como "as fezes dos vícios". Em português, já foi empregada, no plural e no singular, para designar borra de vinho e outros líquidos e as impurezas de metais nobres: falava-se da *fez* ou das *fezes* da prata e do ouro. Daí para a metaforização, ainda com esse caráter, o passo foi curto e os dicionários registram *fezes sociais*, para indicar as camadas sociais consideradas de ínfima condição, *fezes do pecado, fezes da alegria*, etc. Outro exemplo lembrado por Luft é significativo: "esgotar um cálice ou copo até as fezes" significava sorver seu conteúdo até as últimas gotas ou, numa figura de linguagem, esgotar o cálice da amargura até as fezes.

Não recomendo. Nem a prática, por motivos óbvios, nem a metáfora, pelo impacto que provocaria. Melhor deixar as **fezes** nos lugares próprios. E usá-las na situação de fala e no contexto adequados.

Do *flagrante* e do *fragrante*

Flagrante é o que é evidente, caracterizado no próprio instante da ação, sem possibilidade de contestação. Vem de *flagrante*, 'abrasador, que queima', a partir do sentido que ganha na expressão *flagrante crime*, 'no calor do crime, no momento em que o crime acontece', usual no latim tardio. Está no *Houaiss*. **Fragrante** refere-se ao que tem perfume; do latim *fragrante*, 'perfumado'.

A colônia fragrante *foi decisiva para caracterizar o* flagrante *envolvimento do jovem com a prima, perfumadíssima!*

O que *flui*, mana; o que *frui*, desfruta

Fluir vem do latim *fluere*, com essa mesma acepção; **fruir**, do latim *fruere*, 'fazer uso de' *Amada, deixa* fluir *o amor, para* fruirmos *a felicidade*. Na família do primeiro, *fluido, fluidez, fluidificar*; na do segundo, *fruição, usufruir, usufruto*. Este último, em linguagem jurídica, designa o direito conferido a alguém, durante determinado tempo, de **fruir** de um bem cuja propriedade é de outra pessoa. Trata-se de um único vocábulo, sem qualquer *e* que o divida.

Fobia: melhor não conviver com ela

Para não ter medo em excesso, e evitar a terrível síndrome do pânico. Até porque quem é atingido por ela não consegue dominar a angústia que a caracteriza, a não ser por meio de medicamentos. Na origem, o termo grego *phobos*, 'ação de amedrontar', + o sufixo *-ia*, formador de substantivo. A palavra associa-se a inúmeras outras e a outros radicais, indicadores das circunstâncias ou dos motivos deflagradores da sensação, entre elas: *acrofobia* (medo de altura); *aerofobia* (medo de ar, de correntes de ar); *agorafobia* (medo de grandes espaços abertos); *androfobia* (medo de pessoas do sexo masculino); *anglofobia* (ojeriza a ingleses); *bibliofobia* (aversão a livros), *cinofobia* (medo de cães); *claustrofobia* (medo de lugares fechados); *erotofobia* (horror ao ato sexual); *fotofobia* (aversão à luz); *gimnofobia* (medo da nudez); *ginecofobia* (aversão ao convívio com mulheres); *heliofobia* (medo da luz solar); *hematofobia* (aversão ao sangue); *hidrofobia* (medo de água). Como se vê, é só juntar **fobia** a um radical específico para indicar os mais variados tipos de pavor e abrir um amplo leque de adjetivos: *acrófobo, cinófobo, claustrófobo, hidrófobo.*

Preste atenção na *fonte* para não ferir a *fronte*

Nesse caso, o *r* é fundamental. A **fonte** é nascente de água e chafariz, oriunda do latim *fons, fontis,* 'fonte, manancial de água'. Por extensão, origem, em sentido amplo: *Este amor é a* fonte *de todas as minhas certezas.* **Fronte**, em latim *frons, frontis,* 'rosto, cara, testa', manteve o significado básico, ao indicar a parte do crânio formada pelo osso *frontal* e situada entre o couro cabeludo e as sobrancelhas, lugar conhecido como testa: *De tanto ir com sede à* fonte, *o Don Juan quebrou a* fronte...

Saiba quem é *fulano*

A palavra é muito usada quando queremos indicar uma pessoa de modo indefinido. Alterna, nesse sentido, com **beltrano** e **sicrano**. Na origem de **fulano** está o termo árabe *fulan,* com o significado de 'alguém, determinada pessoa'. A palavra já teve as formas *fuão* e *fulão,* resultantes de mutações comuns na passagem para o português. **Fulano** se impõe ao uso talvez por influência do castelhano. Ex.: *Não tenho a menor idéia de quem seja esse* fulano. De **beltrano** se diz que se vincula ao castelhano *Beltran,* ou ao francês *Bertrand,* nomes próprios que têm *Beltrão* como correspondente em português. Não se sabe com segurança por que ganhou o sentido que tem. É o que acontece também com **sicrano**. Como quer que seja, use como substantivo comum, logo, com inicial minúscula: *Gosto muito de* fulana*;* sicrana *diz que me ama, mas* beltrano *é quem a quer: o que se há de fazer?*

Se *funde*, derrete

A partir do latim: *fundere.* A família etimológica, numerosa, o comprova à saciedade, desde o verbo *fundir*: *fútil* é tão "derretido" que ganhou sentido pejorativo; *funil* funde de tal modo que permite a passagem por um pequeno orifício; *refutar* não deixa de ser *fundir* argumentos; *confusão* funde junto.

Fusível: faça voltar a luz sem apagar o português

Quando falta luz, é possível que se tenha queimado o **fusível**, e não o *fuzil*, como querem alguns. Troque-o. O equívoco, além de ferir a língua portuguesa, pode levar até à denúncia de porte ilegal de arma. **Fusível** é sinônimo de *fundível*, o que se funde; vem do latim *fusus*, 'fundido', + o sufixo *-ível*, formador de substantivo. Na família, o verbo *fundere*, 'fundir, derramar, derreter, espalhar'. O **fusível** é um fio de chumbo resultante de uma liga *fundível*. Entende-se.

Galgar é correr como um cão?

A rigor, como um galgo, raça de cães de pernas longas, abdômen estreito, focinho fino, agilíssimo e que corre muito. Corre só, não: pula, salta por cima, do jeito dele. *Sem dificuldades os maratonistas* galgaram *a última subida da principal avenida do percurso. Em largos saltos os atletas* galgavam *todos os obstáculos dos cem metros com barreiras.*

Você pode usar no sentido figurado, para indicar superação de etapas, por exemplo: *Graças ao seu esforço e persistência,* galgou *todos os níveis da carreira e chegou ao topo. Com essa alimentação e essa ginástica, você* galgará *com galhardia os cinqüenta anos.* Na dependência da situação de fala, pode significar ainda desempenhar, desobedecer seguidamente, sentido que continua vinculado ao hábito canino da raça: os *galgos* costumam correr em paralelo, quando competem.

Hipocorísticos: você usa?

A cada momento, não sei se você se deu conta. **Hipocorísticos** são os apelidos carinhosos com que costumamos tratar parentes, pessoas íntimas ou queridas. Fazem-se de reduções, reduplicações, diminutivos, alterações, associações: Daniela vira Dani, Regina vira Rê, Roberta é Rô, Eduardo, Dudu, Bibiana, Bibi; José passa a Zeca ou a Zé; senhor e senhora viram nhonhô, nhanhá, nhô, nhá; estrangeiro vira estranja. Sem falar em Aninha, Aurinha, Pedrinho, Jorginho e tantos outros. O termo vem do grego *hypokoristikós*, 'acariciador, acariciativo', ou como fazem as crianças, 'balbuciado'. O verbo da família é *hypokorízomai*, que tem o mesmo radical *kóre*, 'menina'.

A *história* da *estória*

É curiosa. A palavra **estória** já foi usada, na Idade Média, como a narração metódica de fatos efetivamente comprováveis. Depois a **história**, do latim *historia*, dominou totalmente o cenário vocabular, com suas inúmeras acepções: "conjunto de conhecimentos adquiridos através de documentos relativos à evolução e ao passado da humanidade; ciência e método que possibilitam a aquisição desses conhecimentos; conjunto de conhecimentos relativos a esta ciência; tratado ou compêndio a ela relativo; estudo das origens de uma arte, ou de um ramo qualquer do conhecimento; narração de fatos ligados a um determinado assunto; complicação, aborrecimento; relação amorosa; negócio, coisa, objeto; narrativa de ficção". Está lá, no *Aurélio Século XXI*. É com essa última significação que a **estória** volta a freqüentar o mercado verbal, no início aplicada especialmente ao conto popular e à narrativa tradicional. A proposta data de 1942 e se deve a João Ribeiro e Gustavo Barroso, estudiosos da cultura popular. Seu uso amplia-se a partir dos anos 50, sobretudo depois do seu emprego pelo escritor Guimarães Rosa nos seus textos ficcionais, como nas suas *Primeiras estórias*, por exemplo. Luís da Câmara Cascudo, um dos maiores especialistas na área, lembra "a necessidade de ser empregada **estória** para as narrativas, os contos tradicionais, ficando **História** para o sentido oficial do vocábulo". Na verdade, **história** continuou com todas as suas significações, e, paralelamente, **estória** passou a ser usada, notadamente pelos críticos de literatura, para designar qualquer texto ficcional. A moda passou. A **história** parece ter voltado a reinar sozinha na área em qualquer dos sentidos, e é a forma recomendada pelos especialistas. Caprichos da **história** do idioma.

Idiotismo passa longe dos *idiotas*

Idiotismo, também conhecido como *idiomatismo*, indica o que é exclusivo de um idioma. Um exemplo: o uso do infinitivo pessoal em português. **Idiota** se usa com o significado de ignorante, tolo, estúpido e também de vaidoso, pretensioso. Mas nem sempre foi assim. A acepção negativa começa a ganhar força no século XIX. Antes, a palavra, usual em português desde o século XIII, significava "pessoa não habilitada numa profissão; indivíduo voltado para si mesmo, afeito ao isolamento e à solidão". Daí para a identificação com a ignorância, a distância foi curta, e logo o caráter pejorativo passou a marcar a palavra, que vem do grego *idiotes*, pelo latim *idiota*. Fique, portanto, em paz com o uso dos **idiotismos**: eles não comprometem. Muito pelo contrário.

Não confunda *instância* com *estância*

São palavras parecidas, mas com significação bem diferente. A **instância** é a qualidade do que é insistente, do que é solicitado. Nomeia também, na linguagem jurídica, foro, jurisdição, juízo; espaços distintos de competência de uma ação judicial. *A jovem senhora atendia, ainda que com gosto discutível, às* instâncias *de sua vaidade. Seu pedido ao judiciário foi atendido em primeira* instância*: o divórcio será imediatamente homologado.* O verbo da família é *instar*: Instou *com o irmão para que viajassem juntos.* A **estância**, em latim *stantia*, tem diversas acepções: "é lugar onde se está e se permanece por algum tempo; é morada, residência, aposento; é recinto, parada, estação; é armazém; é tábua usada pelos pedreiros para colocar a argamassa; é grupo de versos, com sentido completo"; é, a partir do espanhol *estancia*, 'fazenda'; é, ligada ao adjetivo hidromineral, cidade dotada de fontes de águas compostas de minerais diversos ou ricas de substâncias radioativas. Valha-se dos resultados das **instâncias** para usufruir da outra!

Ladino nem sempre foi esperto e sabido

Já foi nome do latim transformado, na Idade Média, pelos povos dominados por Roma. Nesse sentido, opunha-se à língua arábica. Na origem, o adjetivo *latinus. O* substantivo acabou estendendo sua significação ao árabe que falava aquele latim alterado, agora conhecido, portanto, como **ladino**. Já no Brasil, por uma dinâmica semelhante, o termo passou a nomear o índio ou o africano que falava português, conhecia a religião cristã e se dava bem nas prendas domésticas ou no trabalho no campo. Ao fazer uso da palavra, portanto, tenha em mente essas significações.

Letal, um adjetivo mortífero!

No significado e na origem: diz-se do que provoca a morte, do que prejudica inapelavelmente. Na origem o latim *letalis*, e com o mesmo sentido. Na família etimológica, *letalidade, letificante, letífero*. Na família ideológica, os termos que se referem à implacabilidade da finitude: fatal (de *fatalis*, e determinado pelo destino, pelo fado), fatídico, fatalidade, mortal, morte. *A moléstia,* letal, *diluía qualquer bafejo de esperança. Certas providências, aparentemente bem-intencionadas, acabam sendo* letais *quando se concretizam*. Cuide-se!

Libélula tem a ver com balança?

Por incrível que possa parecer, sim. A palavra é o diminutivo da latina *libella*, 'prumo, nível; moeda de prata'. Associa-se a *libellu*, termo latino que deu *nível*, em português, depois de ter sido *livel* e *nivel*. Como o inseto que leva o nome caracteriza-se por pairar em vôo, as asas na horizontal, em equilíbrio, no mesmo *nível*, o diminutivo passou a designá-lo. A explicação está lá, no *Dicionário etimológico da língua portuguesa*, de Antenor Nascentes. O *Houaiss* registra *libella*, por sua vez, como diminutivo de *libra*, 'balança', o que teria a ver com o tipo de vôo em questão.

Lista e **listra**: há diferença?

Há, em termos. A **lista** é a relação, a listagem. Vem do italiano e do germânico. A **listra** é o risco de cor diferente. Curiosamente ela nasceu da **lista**, com o acréscimo do *r*, por força do encontro das duas consoantes *st*, fato comum nas andanças da língua. Tanto que, neste último sentido, as duas palavras são normalmente usadas no português coloquial. Em situações de avaliação pautada no uso formal, convém usar a **lista**.

Responda depressa: a zebra é um animal branco com listras *pretas ou preto com* listras *brancas? Consulte os amigos e faça uma* lista *das respostas.*

Lucubração faz pensar

Na grafia e no sentido. Da mesma forma que a variante **elucubração**. Observe a presença do *u* nas duas primeiras sílabas. Está aí desde o latim *lucubratione*. Vale lembrar que significa cogitação profunda, meditação, ou trabalho prolongado, paciente, realizado à noite e à luz artificial: *Por mais* lucubrações *(ou* elucubrações*) que fizesse, não conseguia entender o gesto da irmã.* Como sempre, quem define o sentido é o contexto, lingüístico e situacional.

Não confunda *lustro* com *lustre*

Até porque o primeiro implica tempo e o segundo pode-lhe cair na cabeça. **Lustro** admite dois significados básicos: pode nomear o período de cinco anos, o chamado qüinqüênio, com esses tremas e esse acento circunflexo, como manda a regra ortográfica em vigor. Nesse sentido, vem do latino *lustrum*, 'cerimônia qüinqüenal, destinada a purificar o povo romano no encerramento do censo'. Pode também significar 'brilho natural ou artificial, polimento', caso em que vem provavelmente do italiano *lustro*, 'fama, glória, esplendor, luminosidade', vinculado ao verbo *lustrare*, 'iluminar, clarear, tornar famoso', por sua vez associado ao verbo latino *lustrare*. É lição do *Houaiss*. **Lustre**, de acordo com o contexto, refere-se a luminária, brilho, polimento; também a glória, fama, graça. Como luminária, a origem é francesa, *lustre*. As outras significações habitam o terreno das figuras de linguagem.

Malferido: é grave

Significa estar ferido mortalmente e não com ferimentos leves, como poderiam pensar alguns. *O motorista,* malferido*, aguardava socorro, estendido no asfalto.* Pode significar também cruento, sangrento, renhido. *A vida é luta* malferida. Veja o exemplo que integra um soneto famoso de Machado de Assis, publicado no pórtico do seu *Relíquias de casa velha* (Rio de Janeiro; Paris: Garnier, 1906):

A Carolina

Querida, ao pé do leito derradeiro
Em que descansas dessa longa vida,
Aqui venho e virei, pobre querida,
Trazer-te o coração do companheiro.

Pulsa-lhe aquele afeto verdadeiro
Que, a despeito de toda a humana lida,
Fez a nossa existência apetecida
E num recanto pôs um mundo inteiro.

Trago-te flores, — restos arrancados
Da terra que nos viu passar unidos
E ora mortos nos deixa e separados.

Que eu, se tenho nos olhos malferidos
Pensamentos de vida formulados,
São pensamentos idos e vividos.

Usar a *massa* ou a *maça* envolve riscos sérios

A primeira, que quer dizer, entre muitos outros significados, aglomerado de elementos da mesma natureza, vem do latim *massa*, 'totalidade, monte'. Pode comprometer uma construção ou provocar problemas digestivos: depende, é claro, do contexto e da situação de fala. **Maça**, do latim *matea*, com esse ç, é o mesmo que porrete, clava, instrumento de bater linho, pilão, cilíndrico. *Use a* maça *para levar a* massa *à contextura ideal.*

Melindre já foi biscoito

Na França. Acabou nomeando atitude recatada, delicada ou requintada e também sentimento de vergonha, suscetibilidade. O plural, **melindres**, é ainda sinônimo da erva beijo-de-frade, também chamada de maria-sem-vergonha e não-me-toques, entre outras designações. Na verdade começou designando um tipo de bolo de mel. Na origem, uma antiga palavra francesa, *melide*, usada para designar "situação ou lugar marcado por delícias". Esta, por seu turno, vem do latim *melita*, topônimo da ilha de Malta, lugar de muito mel. Faz sentido. Diante de tais informações você pode avaliar a fama das *melindrosas* e abster-se tranqüilamente de **melindres** diante de certas situações melífluas.

Mesinha pode envolver surrealismo

Isso se você escrever com *z*, no lugar de *s*, **mezinha**, palavra que se refere a remédio caseiro e, conseqüentemente, você pode ingerir. O que, evidentemente, não acontece com **mesa**, por menor que seja... A *mezinha* resulta da latina *medicina*, 'arte de curar, remédio'. É a forma popular; a erudita manteve-se fiel à original. A **mesa**, com esse significado, vem de *mensa*.

Meteorismo: gases inconvenientes

Você pode até não conhecer a palavra, mas seguramente já sofreu com os efeitos ligados a ela, que nomeia a distensão do tubo intestinal provocada por gases que se deslocam e produzem ruídos, bastante constrangedores, em certas ocasiões. É mais um termo de origem grega. Vem de *meteorismós*, 'ação de elevar-se no ar, inchação'. E já estão aí o prefixo *meta-*, que quer dizer 'além de', e a forma verbal *a(é)iro*, 'eu levanto o ar para além'. Repare que a palavra ar está embutida nessa última forma. Se você preferir, pode usar *flatuosidade* ou *flatulência*. Seja qual for a sua escolha, se os sintomas forem freqüentes, é bom procurar um médico.

Obcecado não quer ver, *obsessivo* persiste

Esses termos podem, por vezes, provocar incertezas. Não as cultue. **Obcecado** é o que insiste teimosamente no erro, recusa-se a ver, a aceitar a verdade dos fatos. É o adjetivo da família de *obcecar*, ofuscar, tornar-se cego, persistir no erro, verbo também usado como pronominal — *obcecar-se* — com o sentido de insistir teimosamente no erro, e de *obcecação*, ou seja, cegueira, notadamente de espírito. São termos e atitudes que costumam associar-se a paixões e ao vil metal: *Tornou-se* obcecado *pela figura imaginária que inventava nos seus delírios. Tinha* obcecação *pelos bens materiais*. O radical é o mesmo de *cego*, do latim *caecus*. *Obsessão* só se liga à *obcecação* pela insistência. É também de origem latina: vem de *obsessione*, com esse radical comum ao verbo *sedere*, '*sentar*', (lembre-se de estátua *sedestre*, que representa figuras sentadas) e esse prefixo *ob-*, 'diante de'. Literalmente, *obsessão* significa "ato de sentar-se diante de, ou contra, bloquear". Daí passou o termo a ser usado para indicar perseguição impertinente, idéia fixa, sentido que agrega aos outros integrantes da família: *obsessivo, obsedante, obsediante, obsesso, obsessor*: *Tinha* obsessão *por cavalos de raça. Ganhar na loteria tornou-se idéia* obsessiva.

Quem *olha enxerga*, mas nem sempre *vê*

Sinônimos nem sempre traduzem rigorosamente o mesmo significado. Em grande número deles predominam matizes. Veja a distinção entre **olhar**, **ver** e **enxergar** apontada por Antenor Nascentes: **ver** significa "sentir a impressão que o objeto faz nos olhos"; é o termo genérico; **olhar** é "dirigir os olhos para o que se observa"; **enxergar** é "ver através de um obstáculo quanto é suficiente para advertir no objeto, mas sem distinguir particularidades".

Ao falar ou escrever, tire partido das diferenças.

Osteoporose: um desgaste dos ossos

Por rarefação progressiva e acentuada da massa. Costuma acompanhar, infelizmente, o processo de envelhecimento. Vem do grego. Na estrutura *osteon*, 'osso', *porós*, 'passagem', *-ose*, sufixo formador de substantivo, presente em inúmeras outras palavras do nosso idioma. No caso de dúvidas sobre a fragilizante degenerescência e os cuidados decorrentes, é válido consultar um médico. E, sempre, observar a grafia do vocábulo.

Ovação não é agressão com ovos

É aclamação pública, consagradora. Na origem, de tom menor: era usada para caracterizar homenagem, mas de pouca expressão. O termo deriva do verbo *ovare*, 'entrar triunfalmente, manifestar júbilo, alegria'. Curiosamente, substantivo e verbo vinculam-se a *ovelha*, indicada no radical *ov-* e dita, em latim, *ovis*. Onde a relação? É que as comemorações das vitórias de menor porte, na antiga Roma, envolviam o sacrifício, pelos vencedores, de uma fêmea de carneiro; em contrapartida, na comemoração das grandes vitórias, o animal sacrificado era um touro. Em tempo: há uma **ovação** que tem a ver efetivamente com ovo. É a que se formou já no português, com o acréscimo do sufixo a esse substantivo, para indicar o ato de *ovar*: criar ovos ou ovas, pôr ovos.

***Palíndromo*: você sabe o que é?**

Vale a pena saber, porque, vez por outra, ganha destaque. Consiste na palavra ou seqüência de termos que, lida da esquerda para a direita ou vice-versa, resulta nas mesmas palavras. É o caso de substantivos como *Ana, ata*, e de expressões como *amor a Roma*; *Roma me tem amor*, por exemplo. A palavra pode ser usada como substantivo ou como adjetivo: *ana* e *ata* são **palíndromos** ou palavras **palíndromas**. O termo de origem é o adjetivo grego *palíndromos*, já nessa língua formado de *pálin-*, 'em sentido contrário', e dromos, 'corrida'. Na família grega, o verbo é *palindroméo*, 'retroceder, voltar sobre os próprios passos'. Divirta-se!

É o *pasmo* que deixa você *pasmado*...

Não se espante: **pasmo** é substantivo. **Pasmado** é adjetivo. Dizer 'ficar **pasmo**' é, a rigor, o mesmo que dizer *ficar espanto*, mas está no texto de muito escritor contemporâneo. Ao que parece, encontra-se em franco processo de coletivização, o que não é de *pasmar*: o *Houaiss* e o *Aurélio Século XXI* já o registram como adjetivo, com o mesmo significado de **pasmado**, e na condição de particípio irregular do verbo da família. Ainda é mais pertinente, entretanto, dizer ou escrever *ficar pasmado, fiquei pasmado, estou pasmado*. Quer saber a origem? **Pasmo** era em latim tardio *pasmus*, 'espanto, assombro, admiração', oriundo da dissimilação de *spasmus*, por sua vez vindo do grego *spasmós*, 'convulsão, agitação violenta', e também 'ato de puxar a espada'. **Pasmado** é particípio de *pasmar*.

O *pleito* pode converter-se em *preito*

Numa eleição, por exemplo, se você tiver presente que **preito** significa homenagem: *O* pleito *que o elegeu foi, antes de tudo, um* preito *ao seu exaustivo preparo de tantos anos para a função pretendida*. **Pleito** pode ser também demanda, litígio, questão judicial, defesa de pontos de vista. A palavra vem da expressão do occitânico, antiga língua da região da França então conhecida como Occitânia: *plait omenatge hominaticus*, 'relativo ao homem, ou seja, vassalo'. Está lá, no *Houaiss*. Consulte-o e, se necessário, amplie seus conhecimentos. Afinal, os dicionários são armazéns de produtos dessa natureza, as palavras.

Se *postergar*, você deixa para depois

Postergar, do latim *postergare*, tem na sua estrutura o radical *terg-* também presente em *tergum*, 'costas', e o prefixo *post-*, que significa 'após, atrás'. Literal e etimologicamente o verbo quer dizer colocar atrás das costas. Daí o sentido figurado que o caracteriza: adiar, deixar para depois: *Não há como* postergar *certas decisões: case-se!*

Preeminência ou *proeminência*?

Depende. Se você quer se referir a primazia, superioridade, distinção pelo mérito, use a primeira: aí está o prefixo *pre-*, que indica 'antecedência: precedência'; se estiver pensando em saliência, elevação de terreno, destaque por atributos intelectuais ou morais, pelo poder ou riqueza, valha-se da segunda: o prefixo *pro-* indica essa caracterização. O radical comum é o mesmo de *eminere*, 'sobressair, elevar-se acima de'. A frase-exemplo pode esclarecer: *A* proeminência *do nariz destacava-se na paisagem maltratada daquele rosto amargo, apesar da* preeminência *da figura.*

Prevaricar **é verbo de risco**

Significa, basicamente, faltar ao dever; cometer adultério, agir ou proceder mal. O termo já designou, no âmbito jurídico, a submissão ao suborno: *O acusado* prevaricou*: submeta-se aos ditames da lei.* Guarda relação com o latim de origem, o verbo *praevaricare.* No radical, a aproximação com *varius,* 'torto, virado para dentro'. Era usado, então, na linguagem rural, para traduzir os rumos do arado, que, na lavratura da terra, freqüentemente abandonava a linha reta. Faz sentido.

Prever **para** ***prover*****: vale a pena**

Prever é ver antes, tomar medidas prévias, com antecedência. O prefixo *pre-* indica essa anterioridade. **Prover** significa, mais uma vez sob a responsabilidade do prefixo, providenciar: na família, a *previdência* e a *providência.* E, obviamente, o verbo *ver* e todos os outros derivados dele. Convém sempre *prever* para *prover.*

Psicodélico**: com a alma posta a nu**

Esse é o sentido da palavra, a partir da sua formação, apoiada em termos gregos: *psico-,* 'alma, espírito'; *del-,* radical comum ao adjetivo *delus,* 'visual, manifesto', e ao verbo *deloo,* 'revelar, tornar visível'; *-ico,* sufixo formador de adjetivos, como *bélico, estratégico* e outros. **Psicodélico** significa, assim, literalmente, que revela a alma, que a põe a nu. Faz sentido: o termo é usado exatamente para adjetivar drogas causadoras de alucinações, essas mesmas alucinações, e, por extensão, o que se afasta do comum, dos padrões costumeiros, sejam objetos, roupas, atitudes, pessoas.

Puir é ***polir*** no limite

Curiosa, a história dessas duas palavras. A origem é a mesma: o verbo latino *polire*, 'aplainar, alisar, nivelar, lapidar, lustrar, retocar, aperfeiçoar'. A forma **polir** eruditamente manteve o sentido original. **Puir**, com as mudanças próprias da passagem do latim para o português, levou o *polimento* ao extremo e ganhou o significado de desgastar a partir de fricção, de polimento, gastar o tecido: *A gola da camisa* puída *revelava a despreocupação do velho filósofo com a ilusão das aparências. Para alguns, entretanto, revelava falta de* polimento *social, relevada pela força de sua sabedoria. Efetivamente aquele cidadão não era uma pessoa* polida.

Ratificar ou ***retificar***

Com o primeiro verbo, você valida e confirma. Com o segundo, corrige, emenda, torna reto: *O tesoureiro da empresa* ratificou *a* retificação *do débito.* Na origem do primeiro, o verbo do latim medieval *ratificare*, ligado a *ratum*, particípio do verbo *reri*, 'ver, calcular, contar'. **Retificar** vem do adjetivo *rectus*, 'direito, reto', com o sufixo *-ificar.*

Ao ***reaver*** seu carro, cuide do passado!

Porque, afinal, você o **reouve**; se não **reouvesse**, como acontece com muita gente, seria, no mínimo, frustrante. Grave a conjugação do verbo, por via das dúvidas, sabendo que no presente só existem as formas arrizotônicas, ou seja, aquelas em que o acento recai fora do radical: *reavemos, reaveis; reouve, reouveste, reouve, reouvemos, reouvestes, reouveram; reouvera, reouveras, reouvera, reouvéramos, reouvéreis, reouveram; reouvesse, reouvesses, reouvesse, reouvéssemos, reouvésseis, reouvessem; reouver, reouveres, reouver, reouvermos, reouverdes, reouverem;*

reaverei, reaverás, reaverá, reaveremos, reavereis, reaverão; reaveria, reaverias, reaveria, reaveríamos, reaveríeis, reaveriam.

Senso com *s*, *censo* com *c*

Cuidado. O primeiro vem do latim *sensus*, 'sentido, razão', e refere-se a juízo, ponderação. O **censo**, com *c*, nomeia o recenseamento, o ato de contar pessoas, analisar dados, etc. Vem do latim *census*, 'com o mesmo sentido'.

De quantos anos se faz um *sesquicentenário*?

De 150. *Sesqui* é um termo latino que quer dizer 'um e meio'. Você o encontra em outras palavras, como *sesquiáltera*, palavra que, na música, indica 'seis notas que valem por uma', e na matemática, em que significa 'qualidade que contém outra uma vez e meia'.

Sessão, *seção* e *cessão*: cuidado com as três!

Sobretudo com a última, em caso de certos contratos ou de divórcio: você pode estar *cedendo* todos os seus bens: é uma palavra da família desse verbo: vem da latina *cessione*. **Cessão** é o ato de ceder, do latim *cedere (cedo, cedis, cessi, cessum, cedere)*. **Sessão** tem na origem *sessione*, 'ato de sentar', significa período de reunião (onde, de preferência e por tradição, as pessoas devem estar sentadas...). Agora, você pode continuar trabalhando na sua **seção** da empresa ou da repartição pública, ou dividir seu armário, sua biblioteca, em **seções**: esta **seção**, *sectione*, no latim, 'ato de separar por meio de corte, seccionar', é da família de *secare*, 'cortar'. E pode também reservar tempo para **sessões** de cinema ou de terapia, se for o caso. Um lembrete: houve um tempo em que, no Brasil, se usava paralelamente a forma *secção*, ainda utilizada em Portugal.

Simpatia: uma experiência conjunta

Desde a origem grega: *sympatheia*, 'participação no sentimento alheio, compaixão, comunhão de sentimentos', em cuja formação estão o prefixo *sim-*, que indica a idéia de conjunto, e *pátheos*, radical que expressa 'o que se vivencia, em termos de paixão ou de doença'. No percurso, a latina *symphatia*, a indicar 'afinidade, aproximação'. Sinta junto, participe solidariamente do que o outro sente, busque o convívio das afinidades: vivencie a **simpatia** com pleno conhecimento de causa!

Entre o êxito e o *sucesso*

Desde a origem latina, **sucesso** prende-se ao verbo *suceder*: significa acontecimento, aquilo que sucede: *Todos se entusiasmaram com os* sucessos *que agitaram a campanha política.* Pode significar também parto: *A pobre mulher morreu de um mau* sucesso. E ainda, em certos lugares do Nordeste, desastre, acidente, de certa forma um sentido próximo do original: *Severino perdeu a perna num* sucesso *na colheita de cana.* Ainda como substantivo, designa pessoa ou objeto de grande popularidade: *O novo livro do jovem escritor tornou-se o* sucesso *do ano.* Usa-se também como interjeição, para desejar bom êxito: *Sucesso!* O emprego como resultado feliz é influência francesa; trata-se, portanto, de um galicismo, o que não chega a ser um crime de lesa-língua. O **sucesso** com essa acepção já está sedimentado e incorporado ao português do Brasil como tantos outros termos da mesma nacionalidade, caso de *detalhe*, por exemplo. Nada contra o seu emprego. Mas, em determinadas situações de avaliação de conhecimentos, prefira usar *bom êxito* em vez de *sucesso* e *minúcias* em lugar de *detalhes*. O avaliador pode ser um purista radical. Mas sempre em função da situação de fala. Imagine alguém cantando: "*Minúcias* tão pequenas de nós dois/ são coisas muito grandes para esquecer" e dizendo que se trata de um *bom êxito* do nosso cancioneiro...

Tergiversar tem a ver com costas?

Sim. Como *postergar*. Veja aí o radical *terg-*, o mesmo de *tergum,* 'costas', como ficou assinalado páginas atrás. Literalmente, **tergiversar** significa dar as costas, sentido usual no latim, em que eram comuns, entre outras, as expressões paralelas *tergum vertere* e *tergum dare*. Em português, passou ao uso figurado, para indicar o emprego de evasivas e subterfúgios como estratégia para torcer o sentido verdadeiro das palavras ou a própria realidade. Ou seja, para sair da rota de colisão. Não é atitude meritória, convenhamos. Portanto, não *tergiverse*: enfrente as situações com transparência.

Entre o ***tráfego*** e o ***tráfico***, muita atenção

O **tráfego** traduz trânsito, movimento de veículos, e também o fluxo de mercadorias; vem de uma alteração antiga de **tráfico**, o que não é difícil de entender; **tráfico** quer dizer comér-

cio, negócio, e, com freqüência, em certos contextos lingüísticos, tem conotação pejorativa, de ilegalidade e clandestinidade. A origem de ambos é o italiano *traffico*.

Cuide do verbo *viger*

Viger é ter vigência, estar em vigor, vigorar: *Urge cumprir as leis do trânsito que* vigem *a partir de 1998. Naquela família não* vigem *normas de boa educação.* Cuidado quando usá-lo: é um verbo defectivo. Seus "defeitos": tradicionalmente, não se conjuga na primeira pessoa do presente do indicativo e, por conseqüência, no presente do subjuntivo e em parte do imperativo. Confira: *viges, vige, vigemos, vigeis, vigeram; vige, vigei; vigia, vigias, vigia; vigíamos, vigíeis, vigiam; vigeste, vigeu, vigemos, vigestes, vigeram; vigerá, vigerás, vigerá, vigeremos, vigereis, vigerão.* Na origem o latino *vigere*, 'estar vigoroso, estar bem vivo'. É da família de *vigor*.

Vultoso não é *vultuoso*

Vultoso é o que faz *vulto*, é grande, é volumoso, considerável. Faz-se de *vult(o)* + *-oso*, sufixo formador de adjetivos. Um negócio pode ser **vultoso**, uma quantia, um embrulho. **Vultuoso**, já no latim *vultuosu*, é o atacado de congestão da face, de vultuosidade, o carrancudo: *O rosto* vultuoso, *rubro, os olhos empapuçados, revelavam a terrível noite maldormida.* Por força do uso, entretanto, os dois termos vêm sendo considerados sinônimos em dicionários de respeito, como o *Houaiss*, que registra exemplos como "carga vultuosa, impostos vultuosos".

Escreva com segurança!
Aspectos da ortografia

A *ortografia*

Cuidado com ela!

A palavra escrita leva a nossa atenção a concentrar-se seja nas letras, seja nos sinais que indicam abertura, fechamento e nasalidade das vogais, pausas e cadência dos enunciados. E o uso desses sinais e dessas letras é regulado por normas oficiais, estabelecidas por lei: se você não obedece a elas, pode passar por alguns constrangimentos. A comunidade costuma ser exigente nessa área.

O termo vem do grego *orthographia*: *orthos* queria dizer 'correto, direito'; *graphia* significava 'escrita'. No percurso até o português, a passagem pelo latino *orthographia*, como ensinam os dicionários etimológicos.

Como se evidencia, o significado original permaneceu: como parte da fonologia, estudo dos sons da fala no sistema língua, a *ortografia* abrange o conjunto de normas reguladoras da representação gráfica das palavras, que envolve o emprego das letras e de sinais, estes com as seguintes funções:

a) marcar o lugar das sílabas tônicas de certos vocábulos e indicar o timbre das vogais, isto é, se são abertas ou fechadas, papel dos acentos agudo e circunflexo; este último também assinala o número e a pessoa de alguns verbos: ele ou ela *vem*; eles ou elas *vêm*; ele ou ela *detém*, eles ou elas *detêm*;

b) marcar a nasalidade de vogais, caso do til: *O que será o amanh**ã**?*

c) assinalar a existência de crase de *a + a*, em determinadas circunstâncias, o que cabe ao acento grave: *Vá **à** luta!*;

d) indicar elisão de vogais (*gota d'água*), ou supressão de fonemas (*'tá?*), características do apóstrofo;

e) indicar, em determinados casos, a pronúncia da letra *c*, o que compete à *cedilha*: *Entre nesta dan**ç**a*;

f) indicar, em determinados casos, a ligação de termos de palavras compostas (*banana-maçã*); de pronomes junto a formas verbais (*amar-te, amar-te-ei*); indicar a separação de sílabas de palavras, notadamente em fim de linha (*ama-rei*); assinalar a supressão de elementos mórficos de palavras (*am-*, radical de *amar* e outras palavras da família etimológica); é, como se vê, o papel do *hífen*, também conhecido como traço-de-união;

g) indicar quando a letra *u*, junto a *g* ou *q*, soa: *obliqúe, argüir, apazigúe,* função do trema e do acento agudo; e

h) indicar as pausas e a melodia dos enunciados, o que é feito pelos sinais de pontuação: ponto final, vírgula, ponto-e-vírgula, ponto parágrafo, ponto de interrogação, ponto de exclamação, dois-pontos, reticências, travessão, parênteses, colchetes, asterisco, aspas simples, aspas duplas, alínea, chave.

Em síntese, constituem objeto da ortografia: o emprego das letras, dos acentos e de outras notações léxicas e dos sinais de pontuação. É desses espaços que passamos a destacar alguns fatos que costumam provocar dúvidas quando escrevemos na nossa língua portuguesa. Como você já deve ter-se dado conta, a *ortografia navega nos mares da convenção*, agitados, ao longo do tempo, por desencontros e algumas tempestades.

Agitações e polêmicas à parte, vigora no Brasil o Acordo Ortográfico Luso-Brasileiro de 1943, restabelecido pela Lei 2.623, de 21 de outubro de 1955, com algumas modificações fixadas pela Lei 5.765, de 12 de outubro de 1971.

Vale esclarecer que, há algum tempo, vem sendo estudada a unificação da ortografia dos países de língua portuguesa.

Esse plural envolve, desde 1975, além do Brasil e de Portugal, mais cinco nações soberanas em que o português é língua oficial: Angola, Moçambique, Cabo Verde, Guiné-Bissau, São Tomé e Príncipe e, mais recentemente, Timor Leste.

O Acordo de Unificação Ortográfica Luso-Brasileira, assinado em Lisboa em 16 de dezembro de 1990, encontra-se oficialmente aprovado pelo Congresso Nacional do Brasil, no Decreto Legislativo 54 de 1995.

A sua vigência, ao que tudo indica, ainda esperará, durante algum tempo, a superação de fundas divergências e o amainar de ventos contrários. E terá que contar com a adesão dos chefes de Estado dos países da comunidade lusófona.

Você pode aguardar tranqüilo: no ato da sanção oficial desse Acordo, será fixada a data da sua entrada em vigor, nunca superior a dois anos após a publicação. Enquanto aguarda, comece por registrar as regras de acentuação gráfica em vigor.

Regras de Acentuação Gráfica

Em função do lugar das palavras em que incide a maior força da voz, as palavras da nossa língua, sabemos, se dividem em *oxítonas* (acento tônico na última sílaba), *paroxítonas* (acento na sílaba que está próxima da última, ou seja, na penúltima sílaba) e *proparoxítonas* (acento tônico na sílaba que situa na frente da que está antes da última, as proparoxítonas).

Veja que interessante: se você pensar na estrutura de cada uma dessas palavras classificatórias, encontrará nas *oxítonas* os termos gregos *oxy*, 'última', e *tonos*, 'tonicidade'; nas *paroxítonas*, o acréscimo do prefixo *para-*, que quer dizer 'junto, ao lado'; nas *proparoxítonas*, a agregação do prefixo *pro-*, que indica anterioridade, como em *prólogo*, 'palavra que vem antes'.

Com as palavras assim situadas, fica mais fácil entender as normas fixadas para a acentuação gráfica em vigor.

De conformidade com as regras fixadas pelo Acordo Ortográfico Luso-Brasileiro em 1943, com as pequenas alterações de 1971:

I. levam acento, agudo ou circunflexo

1. vocábulos terminados em O, E, A, seguidos ou não de S, e em EM, ENS: *cipó, cipós, alô, opôs, através, José, ipês, ninguém, reféns;*
2. vocábulos paroxítonos que **não** terminam em O, E, A, seguidos ou não de S, e em EM, ENS: *bílis, júri, cáctus, húmus, jérsei, fôsseis, fósseis, amaríeis, órgão, órgãos, ímã, ímãs, álbum, álbuns, bíceps, cônsul, difícil, difíceis, hífen, cânon, glúten, clímax, néctar, caráter;*

3. todos os proparoxítonos: *vítima, célere, múltiplo, hipódromo.*
(Essas são as regras gerais.)
4. Os monossílabos tônicos terminados em O, E (fechados ou abertos) e em A, seguidos ou não de S: *rá, ás, ré, rés, rês, sê, só, sós, pôs.*
5. Os vocábulos terminados em IA, IE, IO, UA, UE, UO átonos: *Glória, cárie, prêmio, árdua, tênue, mútuo.*
6. Os ditongos ÉU, ÉI, ÓI: *céu, céus, fiéis, mói, idéia, róis, róis.*
7. Vogais em hiato, ou seja, que se encontram em sílabas diferentes, em três situações:

   a) I e U, sozinhos ou seguidos de S na sílaba: *saí, saíste, alaúde, Ataíde, balaústre.* O I nasal não leva o acento: *ruim, rainha, bainha;*
   b) o Ê, do conjunto ÊEM nos verbos ler, dar, crer, ver e seus derivados: *lêem, relêem, dêem, crêem, descrêem, vêem, revêem;*
   c) o Ô do conjunto ÔO: *vôo, abotôo.*

8. U, precedido de G ou Q, seguido de E ou de I:

   a) tônico (acento agudo): *argúis, argúe, averigúes, obliqúe, obliqúes;*
   átono (leva trema): *argüir, agüentar, freqüência, tranqüilidade, cinqüenta, inconseqüente.*

II. leva acento grave: a letra A

a) Quando representa a fusão da preposição A com os artigos A ou AS e com o A inicial de aquele, aquela, aquilo, aqueles, aquelas, aqueloutro, aqueloutros, arqueloutra, arqueloutras, e ainda com o *a* pronome demonstrativo: *Foi* à *velha cidade onde nascera. Buscava o retorno* à *antiga infância e juventude. No encontro com velhos conhecidos, referiu-se* à*quela jovem*

que movera os seus primeiros sentimentos. Alguém lhe deu notícias equivocadas. Não me refiro a esta, mas à *que foi minha vizinha, ele disse, e lembrou um acontecimento do passado. Não nos remeta* à*quilo, censurou alguém. Curioso de notícias, dirigiu-se* à*quele senhor que sabia antigo dono da farmácia. Nada.* À*queloutra senhora, da banca de jornais. Silêncio. Retornou* à *estação, carregado de frustração, mas aquecido de lembranças fraternas.*
(Aqueloutro e suas flexões são formas pouco usuais no português contemporâneo.)

Observe: essa fusão de duas vogais iguais é o fenômeno fonético conhecido como *crase.*

b) Quando o A, seguido de uma palavra no feminino, integra expressões caracterizadoras de circunstâncias: *à noite, às vezes, às escondidas, à direita.*

III. levam acento diferencial, para marcar significados distintos, certas palavras escritas com as mesmas letras e com o timbre da vogal tônica diferente

Compare: *o pêlo,* eu *pelo, pelo (per + lo); pára* (verbo), *para* (preposição); pôlo (filhote de gavião ou de falcão), *pólo* (região do planeta e atividade esportiva), *polo* (antiga contração de por + lo); *pôr* (verbo), *por* (preposição); *pêra* (fruta); *péra* (pedra, antigamente); *péla* (modalidade de jogo); *pela* (per + la); *pêro* (nome próprio), *pero* (antiga contração de per + lo).

Examine, a seguir, alguns casos interessantes de grafia dos vocábulos; se já os conhece, recorde; caso contrário, valha-se deles como uma forma de ampliar a sua competência lingüística e, conseqüentemente, tornar mais eficiente ainda a sua competência comunicativa.

A baixo, *abaixo* ou *embaixo*: cuidado com a posição

Com os termos separados, **a baixo** significa até embaixo. Nesse sentido, opõe-se a *de cima: A jovem dançava animadíssima quando a saia prendeu na ponta da mesa e rompeu-se de cima* a baixo. **Abaixo**, numa só palavra, significa "em lugar menos elevado, em situação ou posição hierárquica inferior, na direção da parte superior para a inferior; descensionalmente", como registra o *Novo Dicionário Aurélio*. Opõe-se a *acima: São raras, no Rio de Janeiro, as temperaturas* abaixo *de zero;* acima *de 40º é fato comum no verão*. Aparece em assinaturas de petições coletivas: *Os* abaixo *assinados solicitam às autoridades competentes a garantia de abastecimento de água durante o carnaval*. **Embaixo** é antônimo de *em cima*: Embaixo *de muito angu tem caroço!* Compare: *Liquidações de alto* a baixo *podem pôr* abaixo *o orçamento doméstico!*

Por falar no *abaixo-assinado*

Sua atenção, por favor: quando indica o documento, vai com esse hífen. Sem ele, indica quem assinou ou os que o assinaram. *Quem aprovou o* abaixo-assinado? *Os* abaixo assinados, *obviamente...*

Abalizado é com z, atenção!

Um equívoco na grafia pode até invalidar o respeito ao seu pronunciamento. A palavra é da família de *abalizar*, que se formou de *a-* + *baliza* + *-ar*. Significa sinalizado ou marcado com balizas, por extensão, assinalado, marcado, e, uso mais comum, notável, idôneo, respeitável: *Só aceito um parecer assinado por especialistas* abalizados. Na origem em latim, *palitium, palitia*, 'estacada', por sua vez vinculado a *palus*, 'poste, estaca'.

Aborígine: usar o *i* é de rigor

Mas você pode também escrever **aborígene**: estará respaldado pelo *Pequeno vocabulário ortográfico da língua portuguesa*, 1999, da Academia Brasileira de Letras, que referenda as duas formas. Por força, talvez, da analogia com *indígena*, uma vez que ambos os termos significam primitivo habitante de um país. O *í* vem desde o latim *aborígenes. Ao tempo do achamento do Brasil os nossos* aborígines *(ou* aborígenes*) contavam-se aos milhares. Em 2002 não passavam de cerca de 300 mil.*

Quem tem medo do *acento grave*?

Pode manter sua tranqüilidade. Trata-se apenas de uma notação léxica. E você já viu, páginas atrás, que sua função é indicar a crase que envolve a letra A. Alguns casos, entretanto, poderão trazer-lhe o desconforto da dúvida. Confira e esclareça:

a) Se acompanha a palavra *casa*, pura e simples, o *a* não leva o acento grave porque é apenas a preposição, não há fusão. Compare: *Venho de casa. Volto* a *casa.* Afinal, a casa é minha, eu moro lá.

b) Se a *casa* vier *acompanhada de qualquer elemento*, mesmo sendo minha, o artigo se junta à preposição. *Vou* à *minha casa de verão. Venho* da *minha casa de verão. Vou* ao *meu sítio.*

c) Se vem junto da palavra *terra*, numa frase que indica *a descida de um navio*, não há fusão, logo não há acento grave. Compare: *Vou* a *bordo. Vou* a *terra.*

d) Da mesma forma, se a *terra* não está sozinha, o artigo se apresenta e se funde com a preposição: *Vou* à *terra das acácias. Vou* à *terra de meus pais.*

e) Se a preposição antecede a *nomes de cidades, países, bairros, ilhas*, como Colônia, Angola, Vila Isabel, Marajó, em que o *a* não está presente, também não se usa o acento grave, porque não existe a crase: *Foi* a *Colônia, a Angola. Voltou* a *Vila Isabel e* a *Marajó.* Se esses nomes vierem *acompanhados*, a crase se faz presente e exige o acento grave: *Foi* à *Colônia das antigas catedrais,* à *Angola dos seus ancestrais,* à *Vila Isabel de Noel,* à *Marajó dos grandes búfalos.*

Sua atenção, por favor: use ou não use o acento, a seu critério, sem ferir o registro formal; é uma questão de estilo:

1. Antes dos pronomes possessivos: *Dê um presente* à *sua irmã ou* a *sua irmã. Refiro-me* a *tua ida ou* à *tua ida à Europa.* Isso acontece porque usamos o pronome com ou sem artigo: *Sua irmã mandou lembranças; A sua irmã mandou lembranças.*

2. Diante de nomes próprios, femininos, pela mesma razão: *Dê um recado* a *Mariazinha. Dê um recado* à *Mariazinha*. Compare: *Dê um recado* ao *Mário. Dê um recado* a *Mário.*
3. Quando o *até* vem seguido de *a*: *até a, até aquele, aqueles, até aquela, aquelas, aquilo. Até* a *volta (ou* à *volta)! Daqui até* aquele *rio (ou* àquele *rio) há um quilômetro e meio. Até* aquela *estrada (ou* àquela *estrada) a distância é um pouco maior.*

Não use o acento grave, porque não existe crase

1. Diante de palavras de sentido *indefinido*: *Dirigiu-se* a *certa casa das vizinhanças. Falou* a *uma senhora que conhecia. Fez alusão* a *toda a família.*
2. Diante de *pronomes pessoais* e de *tratamento*: *Dirija-se* a *ela, à moça da caixa. Solicito* a *V.Sª a mudança do meu endereço.*
3. Diante de *verbo no infinitivo* (é óbvio): *A fábrica anunciou um novo carro* a *sair no próximo mês.*
4. Em *expressões* compostas *de palavras repetidas*: *frente* a *frente com a ex-amada desmaiou de emoção.*
5. Diante de *que*, de *cujo*, de *quem* antecedidos de *a*: *Esta é a jovem* a *quem aludi. A escritora* a *cujo poema me referi viajou para Porto Alegre. A jornalista* a *quem você me enviou entrou de férias.*

Alto-falante: uma questão de som

Não tem nada a ver com falar por si. Trata-se de um aparelho que amplifica o som. Por tal razão, escreve-se o primeiro termo com *l* na primeira sílaba: *Um incômodo* alto-falante *gritava pamonhas na avenida indignada.*

Antártida **ou** ***Antártica*****? Qual o nome da região? E o que esses termos têm a ver com os ursos?**

Ambos a designam. O primeiro talvez por analogia com *Atlântida*, nome de uma ilha descrita por Platão e que teria afundado no Oceano Atlântico, por força de um cataclismo. O termo é comum em português e em espanhol. Os italianos usam *Antártica*, os franceses *Antarctique*, e os ingleses e americanos, *Antarctica*. Essa é, aliás, a designação internacional do continente localizado no Pólo Sul, também conhecido como *Pólo Antártico*. Como se vê, o adjetivo é este, sempre: *antártico*, com o feminino *antártica*: *paisagem antártica*. Na origem dos termos — **Antártica** e adjetivos correspondentes —, a oposição a *ártico*, adjetivo relacionado com o Pólo Norte. O *urso* está na base da formação desse último + *ico*: o radical *art* vem do grego *arktos*, como era conhecido o animal. Mas não porque fosse comum na região, e sim porque nela se situa a constelação da Ursa Maior. A lição é do lingüista Sílvio Elia. Atualmente **Antártida** e **Antártica** disputam o mercado verbal brasileiro. A opção por esta última, por força de sua presença internacional, é a mais indicada.

Em *ascensão*, use o *s*

Para seguir o que mandam as regras de ortografia. E uma segurança: o termo é da família etimológica do verbo *ascender*. Compare os dois vocábulos e faça a correlação entre *ns* e *nd*. Ela está na base do uso da letra *s*. O fundamento leva ao latim: num grande número de palavras *nd* levou a *ns* ou *s* na passagem daquela língua para o português. Observe: *compreensão/compreender: extensão/estender; repreensão/repreender*.

A regra prática, de autoria do saudoso professor Celso Pedro Luft, ajuda bastante. Consulte o *Manual Ortográfico* de autoria dele. É um excelente guia nas sendas do uso das letras.

Asserção: com *ç*!

A palavra vem do latim *assertione*. Significa 'afirmação': *A* asserção *do crítico sobre o último livro do jovem poeta era corretíssima*. Da família fazem parte *asserto*, que é proposição afirmativa, o sinônimo *assertiva* e o adjetivo *assertivo*: 'que contém asserto, afirmativo': *Não concordo com a sua* assertiva *acerca da música popular brasileira*. Na prática, observe a correlação t/ç: *assertivo, assertiva, asserção*. Isso porque o encontro /*ti*/ do latim está na base de muitas palavras da nossa língua: *exceptio* de 'exceção', *actio* que se tornou 'ação', por exemplo. Não confunda **asserto** com *acerto*, ato de acertar.

Se incomoda, *atazana* ou *atenaza*?

A forma original do verbo é **atenazar**: apertar com tenaz (alicate). Nesse sentido, permanece. O verbo, porém, ganhou a significação figurada de torturar, aborrecer, importunar, mortificar. E nos rumos que seguiu na língua, também as formas **atanazar**, com assimilação do *e* ao *a*, e **atazanar**, com metátese do *z* dessa última forma. *Metátese* é um fato comum na evolução da língua: consiste na troca de lugar de um fonema, dentro da palavra. Assimilação também: é freqüente uma vogal tornar-se semelhante a outra que está antes ou depois dela. Essas duas formas, **atanazar** e **atazanar**, podem ser usadas, junto com **atenazar**, mas só com o sentido figurado: *Pare de me* atanazar, *ou de me* atazanar *ou de me* atenazar, *rapaz! Com uma só forma já é difícil suportar, imagine com as três!, disse Carlota ao companheiro de redação.*

Você é *ávaro* ou *avaro*?

Não é atributo que se recomende. Muito menos se for pronunciado como proparoxítono. **Avaro** é a forma adequada, de acordo com o registro formal. A tonicidade vem desde o latim *avarus*, 'sedento de'. Como se vê, é um termo erudito.

Cuidado quando *averiguar*

Averigúe, sem esquecer do acento agudo. É a regra ortográfica vigente, lembra-se? U, precedido de G, seguido de E ou de I, se é tônico, leva acento agudo; se é átono, leva trema: Averigúe *se o seu nome consta da relação dos que serão* argüídos *no próximo exame de seleção. Eu já* argüí *os integrantes de duas turmas.* O U precedido de Q é raro. Aparece nas formas do verbo *obliquar* (caminhar enviezado, desviar). Estão no mesmo caso, entre outros, os verbos *apaziguar* e *apaniguar*. Averigúe: *raro o conflito que uma boa conversa não* apazigúe.

Repare que em *aguar, enxaguar, desaguar, minguar*, o U é átono, e faz parte de ditongo, que, só para lembrar, é o encontro de uma vogal e uma semivogal na mesma sílaba: enxágue *seu coração, /'depois de tanta sofrência/ deixe que nele* deságuem' *as gratas novas vivências/ e que* míngüem*, esfumadas/ antigas experiências.*

Babaçu: o ç é de lei

Trata-se de um brasileirismo. Ou seja, a origem, indígena, é o tupi *wawa-su*. Designa uma planta da família das palmeiras, dotada de frutos cujas sementes são comestíveis. O óleo que delas se extrai é bastante usado na alimentação. O coco que produz é empregado para defumar borracha e como combustível. Das folhas se fazem cestos, chapéus, esteiras, etc. É também conhecida como *buaçu, baguaçu, auaçu, aguaçu, guaguaçu, uauaçu, coco-de-macaco, coco-de-palmeira, coco-naiá, coco-pindoba, palha branca.*

Balé **ou** ***balê*****, o espetáculo é o mesmo**

O termo resulta do aportuguesamento do francês *ballet*, por sua vez adaptado do italiano *balletto*, com *e* aberto, diminutivo de *ballo*, 'dança'. Designa a "representação dramática em que se combinam a dança, a música e a pantomima". Está no *Dicionário etimológico* de A. G. Cunha. A pronúncia adequada ao registro formal exige o *e* aberto. Você pode, entretanto, usar a forma **balê**, no uso descontraído, uma vez que as duas pronúncias freqüentam a fala do brasileiro. E, obviamente, representar uma e outra com a grafia regulamentar. Independentemente da pronúncia ou da grafia, **balé** é lazer cultural: usufruí-lo é sempre uma boa opção, dançando ou assistindo a ele.

Bêbado **ou** ***bêbedo*** **independe do teor alcoólico**

As duas formas são válidas. A palavra vem do latim *bibitu*, do verbo *bibere*, que deu 'beber'. Estão presentes inclusive na língua escrita em textos dos séculos XIV e XV. Se você tem o hábito de beber — socialmente, é claro —, a opção é sua, mas em nenhuma hipótese dirija **bêbado** ou **bêbedo**. O adjetivo varia, mas as conseqüências serão, com raras exceções, desastrosas e, por vezes, fatais. Na linguagem figurada, entretanto, você pode embebedar-se à vontade e ficar **bêbado** ou **bêbedo** de amor, de alegria, de felicidade e, nesse caso, com as devidas precauções, dirigir à vontade.

À beça**: melhor com *ç***

Mas já se escreveu com *ss*. Outrora. Isto é, antigamente. A confusão se prende ao desconhecimento da origem da locução. Ainda que alguns estudiosos a expliquem como vinculada ao sobrenome de um carioca dos tempos antigos, famoso por ser esbanjador, um tal Sr. Beça. Outros levantam a hipótese de estar associada à locução francesa *à verse*, que quer dizer 'a cântaros, em grande quantidade', datada do século XVI, o que poderia explicar a grafia com *ss*. Hipóteses. Use o ç: escreva *à beça* e conte com o respaldo do *Dicionário Houaiss*, e do *Aurélio Século XXI*.

Bem-te-vi

É palavra composta por justaposição: não se esqueça de usar o hífen entre os seus componentes. É de lei. O passarinho que leva este nome não tem qualquer preocupação do gênero, mas a regra ortográfica será agredida se você não usá-lo. Em tempo: justaposição é o processo de formação de palavras por meio do qual um ou mais termos se juntam para formar outro, sem sofrerem alteração de forma.

Bem-vindo **vem com hífen, salvo se é nome próprio**

Apenas porque é de lei: é o que manda o acordo ortográfico em vigor. Você se lembra da norma? **Bem** exige o hífen quando a palavra seguinte se usa isoladamente ou quando a pronúncia o impõe. É o caso de *bem-educado, bem-estar, bem-amado. Educado, estar, amado* são palavras de emprego autônomo. Compare com *benfazejo*, por exemplo: *fazejo* não tem emprego autônomo. Não pergunte pela lógica, pois *bendito* e *bendizer* se escrevem sem o traço-de-união. *Bem-aventurado* sem o hífen levaria a uma pronúncia equivocada: be-ma-vem-tu-ra-do. Uma frase, para gravar: *Os* bem-nascidos*, quando* bem-fadados*, costumam ser* bem-ditosos, bem-falantes, bem-vistos *e* bem-postos *na vida, sempre* benfazeja. Já o nome próprio está livre do hífen: **Benvindo**. É possível que a regra mude: a alteração será **bem-vinda**, certamente.

E *boa noite*, como fica?

Assim, sem traço-de-união. O conjunto não forma uma unidade autônoma de sentido: o adjetivo está, no caso, funcionando como adjunto adnominal de *noite*. Compare com **bom dia, boa tarde**, a regra é a mesma. *Eu vou-me embora, se é por falta de adeus,* boa noite!

Por falar em noite, se diz *boêmia* ou *boemia*?

Depende. Se você estiver se referindo à parte ocidental da antiga Tchecoslováquia, ou estiver usando a palavra como adjetivo, não há dúvida: a primeira opção se impõe — **Boêmia**, vida **boêmia**. Mas se o termo for brasileiramente empregado para indicar um modo de viver alegre e livre, vinculado sobretudo ao desfrute de lazer noturno geralmente regado a libações alcoólicas, você tem opções: no uso formal, mantenha a tônica no *ê*: **boêmia**; no uso informal, pode aderir a **boemia**, que se vem impondo na fala cotidiana do brasileiro. O duplo emprego tem explicações apoiadas em razões fonológicas, morfossintáticas e semânticas: a língua portuguesa privilegia os vocábulos paroxítonos; *-ia*, com o *i* tônico, é sufixo que, entre outras acepções, indica comportamento, ocupação — é ver *rebeldia* e *orgia*, por exemplo. **Boêmia** e **boemia**, por outro lado, são duas palavras que, originariamente, nomeiam realidades diferentes: o caráter opositivo que marca o sistema língua portuguesa propicia a distinção.

Bougainvillea pode ser *buganvília*

Se você não sabe, trata-se de uma planta, uma trepadeira que dá lindas flores de colorido variado, com predomínio do vermelho. Seu nome francês se liga ao navegador Louis Antoine de **Bougainville**, que viveu de 1729 a 1811, você sabia? **Buganvília** é a forma aportuguesada. A planta é também conhecida como *sempre-lustrosa*, primavera, rosa-do-campo. Use qualquer das designações, a seu gosto. E procure pelas flores na primavera e no verão. Vale a pena.

Braguilha pode envergonhar

Se você esquecê-la aberta ou falar ou escrever *barguilha*. Na verdade a **braguilha** é, na origem, abertura dianteira da *braga*, "calção geralmente curto que se usava antigamente", e também sinônimo de "cueiro, fralda". A *braga* está presente na antiga expressão popular: *Não se pescam trutas a* bragas *enxutas*. Por extensão, a **braguilha** passou a significar abertura dianteira de qualquer calça, calção, ceroula, etc.

Cacareco não é problema

Cacareco é a forma brasileira de *cacaréu*, aumentativo de caco e que significa utensílio e traste velho. Traste velho e/ou muito usado, objeto de pouco valor é também o sentido de cacareco, cujos sinônimos são numerosos e curiosos: *afaveco, cacaria, bagulho, brogúncia, bundá, candimbá, caraminguá, muafo, mucufo, mucumbagem, mucumbu, quimbembe, tralha, tralhada, xurumbambo. A porta da rua é serventia da casa: leve todos os* cacarecos, *mas deixe em paz o meu disco do Chico Buarque, o dele e o do Pixinguinha!*

Cadê você? Quedê você? Quede você? Que é de você?

O uso formal exige **que é de você**? As demais construções são formas populares, comuns no registro informal descontraído do idioma. Repare que todas são variações de *Que é de*. Quem define a escolha é o seu gosto pessoal, obedecida a adequação à situação de fala: Que é de você, *que há muito não telefona?* Cadê você? Cadê *Zazá? Clementina,* cadê você? Que é do *ordenado que está minguando a cada mês?*

Motorista de caminhão é *caminhoneiro*, mas pode chamá-lo também de *camioneiro*

Os dois termos são usuais. A rigor, **caminhoneiro** é formado pelo radical, *caminh*, o mesmo de caminhão, com o acréscimo do sufixo *-eiro*, que indica o agente da ação, como acontece em *livreiro, jornaleiro, cozinheiro, barbeiro* e outros. A adaptação fonética é um traço comum nesse tipo de formação de palavras, em que, no termo de origem, figuram sufixos nasais. O *til*, no caso, indica a nasalização, que, nas derivadas, passa a ser representada por *n*, como acontece com *manipular* e *manual*, que se originam de *mão*. Por outro lado, a variante **camioneiro** admite dupla explicação: pode ser apenas uma simplificação de **caminhoneiro**, o que também é um fato usual na nossa língua; pode ter-se originado do francês *camion*, inicialmente *camião*, no português lusitano. Repare que a família etimológica inclui *camionete, camioneta,* ao lado de *caminhonete* e *caminhoneta*. Há quem explique que o *caminhão* e a *caminhoneta* resultam de influência de *caminho* e *caminhar*, por onde, afinal, costumam transitar veículos do gênero. Ambas as formas, **caminhoneiro** e **camioneiro**, são referendadas pelo registro formal. A escolha é sua.

Cataclismo pode confundir, cuidado

A palavra tem várias acepções: pode significar, como registra o *Houaiss*, "catástrofe, convulsão ou transformação de grandes proporções da crosta terrestre; grande inundação, dilúvio; desastre ou mudança brusca e radical na vida de um grupo social, de uma pessoa, etc.". O registro formal exige **o cataclismo**: apóia-se na origem do termo, que vem do grego *kataklysmós*, através do latim *cataclysmus*, com o significado ligado a 'inundação, dilúvio universal'. O registro informal admite a forma *cataclisma*, no masculino, de emprego bastante freqüente, tanto na fala cotidiana dos brasileiros, como em textos de autores contemporâneos. Não deixe sua vida transformar-se num **cataclismo**. Planeje-se.

É *campus* ou *câmpus* o espaço da universidade?

Os usuários da palavra ainda estão divididos entre a forma latina, ***campus***, necessariamente grafada em itálico, e a forma aportuguesada **câmpus**. Esta última é a recomendada por vários gramáticos, mas você ainda não está obrigado a adotá-la. Se o fizer, deve vesti-la, assim, de verde e amarelo, sem se esquecer do acento circunflexo, previsto na regra das paroxítonas terminadas em *us*. Nesse caso, o plural mantém a forma: *o câmpus, os câmpus*. Pessoalmente, prefiro ***campus***: parece-me mais de acordo com o *status* do que designa, o conjunto de edificações e terrenos de uma universidade, além de exigir um plural sofisticado: ***campi***. *Encontramo-nos no* campus *da Universidade Federal Fluminense; é um dos* campi *mais aprazíveis do país, certo?*

Afagar *cangote* é o mesmo que afagar *cogote*?

O sentido é o mesmo: ambos os vocábulos designam a parte superior do pescoço, também conhecida como cerviz. **Cangote** é forma deturpada de **cogote**, palavra oriunda do latim *cucutiu*, que indicava uma espécie de capucho, através do provençal *cogot*. Na forma **cangote** percebe-se a influência de *canga*, na acepção de peça de madeira que prende os bois pelo pescoço e os liga ao carro ou ao arado.

Entre *caráter* e *caracteres*

Como você vê, nesses casos há um deslocamento da tonicidade. Acontece com **caráter** e com outras palavras, como *soror*, cujo plural é *sorores*. O *c* está na origem — *character, characteres,* em latim, oriundo do grego *kharakter, kharakteres*. A forma do singular disputou durante algum tempo com carácter*: Não há como conviver com pessoa de tal* caráter. Caracteres *assim são extremamente perniciosos.*

Catequese e *catequizar*: divergências de família?

Não: simples questão de caprichos da origem das duas palavras, aliás grega. **Catequese**, "doutrinação, ensinamento, explicação oral e metódica das coisas da fé religiosa", vem de *katékhesis*, através do latim *catequese*, o que justifica o *s*. **Catequizar**, "instruir nos princípios de matéria religiosa ou de qualquer doutrina, princípio ou idéia", vem de *katekhizein*, pelo latim *catechizo*. A nossa ortografia, de base etimológica, manteve-se fiel à grafia originária. O caso não é único: compare com *síntese e sintetizar*. *Catequização e catequizador*, derivados do verbo, mantêm a fidelidade ao *z*. Catequizar *os indígenas do Brasil recém-descoberto foi missão assumida por José de Anchieta, Nóbrega e seus companheiros jesuítas.*

Chiclete, chicletes, chicles, chicle, chiclé

A forma mais usual é **chiclete**. Trata-se da marca registrada *Chiclet*, palavra que chegou ao inglês através do espanhol *chicle*, por seu turno oriundo do náuatle *tzicli*, termos que nomeiam o látex da sapota, matéria-prima da goma de mascar. Por extensão e pela força da marca, tornou-se nome comum, aportuguesada, com o significado de goma de mascar. No processo de aportuguesamento, passou a conviver com as variantes **chiclete, chicles, chicle, chiclé**.

Circuncisão não é problema, já o verbo da família...

Circuncisão é o ato de cortar o prepúcio, aquela cobertura de pele que envolve a extremidade do órgão sexual masculino. Vem do francês *circuncision*, derivado do latim eclesiástico *circuncisione*, 'supressão, diminuição'. Consiste efetivamente na supressão, na retirada do prepúcio, por meio de cirurgia, por motivos de caráter higiênico ou religioso. Compare com *incisão*, corte, talhe para dentro. Se você preferir o termo médico, pode chamá-la de *postectomia* ou de *postetomia*. O verbo da família, curiosamente, é *circuncidar*, originário do latim *circuncid**a**re* que, por sua vez, resulta de *circunc**i**dere* (*circum*, 'ao redor, em volta' + *c**ae**dere*, 'cortar') de muitas significações: 'cortar ao redor, cercear, decotar, amputar, aparar, podar'. Esse trânsito de verbos de uma para outra conjugação é fato comum no latim. *Circuncisar* não tem fundamentação etimológica, mas, ainda que sem o aval do registro formal, freqüenta o mercado verbal cotidiano. Talvez por analogia com outros pares, como *precisão, precisar.* Sutilezas do uso. É claro que quem é submetido à **circuncisão** passa a ser *circuncidado* ou, se você preferir, *circunciso.*

Copo d'água ou *copo dágua*?

Se você quer nomear um pequeno arbusto, nativo do cerrado brasileiro, também conhecido como boca-de-sapo, use a primeira locução, no caso substantiva, porque se faz de um conjunto de termos que valem como tal. Mas se deseja indicar um recipiente cheio do líquido em questão, qualificado como precioso, prefira a segunda, sem apóstrofo. Você estará cumprindo o que manda a regra oficial, a propósito do uso de mais esse sinalzinho.

Pague a *cota* ou pague a *quota*: o importante é não dever

As duas formas são válidas, para indicar vários sentidos da palavra: parte ou quinhão que cabe a cada um, porção determinada, ou, na linguagem matemática, "a distância de um ponto a um plano de referência". **Cota**, com esse significado, é uma variante de **quota**, que vem do latim *quota*, 'parte'. É, entretanto, mais usual: *'*Cota *zero' é um expressivo poema de Carlos Drummond de Andrade. A cada novo plano econômico, somos todos convidados a dar, patrioticamente, a nossa* cota *de sacrifício.* Atenção: a **cota** é sempre **cota**, com *c*, quando indica armadura de couros retorcidos ou de malhas de ferro, ou uma espécie de gibão ou ainda um tipo de sobrepeliz que tem uma abertura quadrada para a cabeça. A origem da palavra com esse sentido é outra: vem de um língua antiga chamada frâncico, na qual significava 'pano de lã', através do francês antigo *cote*, atual *cotte*. A palavra serve ainda à terminologia específica na Matemática e na Engenharia.

Curriculum vitae ainda é batalha

A forma latina, nesse caso, vem lutando com a forma vernácula *currículo*. Prefira o latim. Ainda é o mais esperado. E mantém um certo ar de imponência. Afinal, a expressão traz o histórico, o curso da vida. Envolve o conjunto de dados que identificam a pessoa como indivíduo e como cidadão, e concernentes ao preparo profissional e às atividades anteriores de quem se candidata a um emprego, função ou cargo específico. E não se esqueça de grifar ou de usar itálico: ***curriculum vitae***.

Data em número: com ponto ou com hífen?

Não há princípio regulamentador. O mais comum é separar por hífen: 30-11-01, 30-11-2001. São usados também o ponto ou uma barra inclinada: 30.11.01, 30.11.2001, ou 30/11/01, 30/11/2001. A escolha é sua.

Não confunda *destorcer* com *distorcer*

Destorcer, de *des + torcer*, é 'tornar direito o que está torcido'; pode ser também virar para o lado oposto, fazer-se de desentendido, mudar de assunto, dar voltas em sentido contrário, desviar com esforço ou ainda proceder com desembaraço, visando resultado proveitoso: *Não foi fácil* destorcer *o seu coração daquele nefasto sentimento.* **Distorcer**, derivado de *dis + torcer*, significa mudar o sentido, a intenção, desvirtuar, torcer: *Por favor, não* distorça *as minhas palavras!*

Dia-a-dia, use o tracinho, mas nem sempre

Sempre, quando indicar a atividade cotidiana, porque forma uma unidade de sentido. De tal maneira que a expressão pode ser até substituída por um único termo. Compare: *Ela não suportava mais o* dia-a-dia *de sua solidão/ Ela não suportava mais o* cotidiano *de sua solidão.* Se, entretanto, a expressão significar *diariamente, dia após dia,* desaparece o traço-de-união: Dia a dia *suportou a mesmice do cotidiano.* Observe que o **dia-a-dia** é um substantivo: está aí o artigo anteposto que não nos deixa equivocar; já **dia a dia** tem valor de advérbio, é uma locução adverbial.

Empecilho: use com *e*

Por quê? Porque se origina de *empeço*, 'princípio, começo', por sua vez formado por derivação regressiva de *empecer*, que significa 'prejudicar, impedir, dificultar, criar obstáculos'. Ou talvez, como querem alguns, por ser uma adaptação da forma espanhola *empiezo*, derivada regressiva de *empezar*. **Empecilho** é diminutivo. *Empecer*, por seu turno, resulta do latim *impedire* que, no seu percurso, recebeu um sufixo, *-escere*, e originou a forma verbal *impediscere*. Esta transformou-se em *empedecer*, que deu *empecer*. O **empecilho** liberou-se do caráter diminutivo, mas ficou preso ao sentido original e passou a significar impedimento, dificuldade, óbice: *Acreditar em si mesmo ajuda a eliminar sérios* empecilhos *no curso da existência.*

Estupro é crime

Agravado, se você troca o lugar do *r*. A palavra vem do latim *stupru*. É o crime de constranger a mulher, de qualquer idade ou condição, a ter relações carnais por meio de violência e ameaça O verbo da família é *estuprar*, o criminoso é o *estuprador*. E mais: não se aplica ao sexo masculino, caso em que se usa *violentar* para designar o delito, atentado violento ao pudor. Esta última designação se estende aos atos do gênero relacionados a mulheres, quando não existe a chamada conjunção carnal.

Etc., o ponto e a vírgula

Etc. abrevia a expressão *et cetera*, do latim *et coetera*: significa 'e as demais coisas'. No latim da Idade Média era empregada como fórmula em determinados atos jurídicos. Em português, usa-se para evitar uma enumeração longa. Ainda que, a rigor, devesse limitar-se a coisas, seu emprego estendeu-se também a pessoas. É de lei precedê-la de sinal de pontuação, o mesmo que separa os conjuntos que integrem a enumeração, seja vírgula, ponto ou ponto-e-vírgula: *Lembrava-se de alguns presentes de aniversário: livros, perfumes, um anel*, etc. *Escreva com z: altivez, escassez, beleza; suavizar, realizar, embelezar;* etc. *Rotina cotidiana: caminhar. Trabalhar. Almoçar. Trabalhar. Jantar. Ver o noticiário da tevê.* Etc. O ponto da abreviatura dispensa o ponto final, como se pode ver nos exemplos. Vem-se caracterizando em alguns periódicos e mesmo na orientação de algumas editoras a eliminação da vírgula, ainda que contrarie a legislação reguladora em vigor.

Exceção: **com *cê cedilha***

O *ç* se justifica a partir da origem latina da palavra: *exceptione*. Na passagem do latim para o português, o encontro /*ti*/ em palavras com esta estrutura transformou-se em *ç*, por exemplo. O *t* permaneceu em outros termos da família em que não se dá esse encontro, como *ato,* de *actum, exceto, de exceptus, excetuado,* e outras.

Afinal se escreve *fac-símile* ou *fac-simile*?

A forma aportuguesada já se impôs: **fac-símile**. O termo vem do latim: *fac simile*, 'faça semelhante'. Nomeia a reprodução fotomecânica de texto manuscrito, mecanografado ou impresso. A forma reduzida é o *fax*. O plural é regular: **fac-símiles**, e a família é razoável: *fac-similar*, adjetivo que significa impresso em **fac-símile**, ou relativo a **fac-símile**; é sinônimo de *fac-similado: A feira de livros oferecia textos da edição* fac-similar *(ou* fac-similada*) de* Os Lusíadas*; fac-similar* pode ser também verbo, regular: significa imprimir em **fac-símile**. Cuidado com a pronúncia e a grafia do presente do subjuntivo: que eu *fac-simile,* que tu *fac-similes,* que ele *fac-simile,* que nós *fac-similemos,* que vós *fac-simileis,* que eles *fac-similem*. A propósito: se você reproduz pinturas, gravuras e similares, chame-as, simplesmente, de *reproduções*. É mais moderno.

O *mignon* do *filé* ficou francesmente fiel à origem

Com o adjetivo em grifo ou itálico. Indica a parte mais nobre e valorizada da carne bovina: *Maria era requintada: em matéria de carne, só comia* filé mignon. Por extensão, em linguagem figurada, aplica-se para indicar excelência: *A mesma Maria, por coerência, só comprava o* filé mignon *das ações da Bolsa*. Na língua francesa, *mignon* significa 'delicado, gentil, gracioso'. Mas já foi 'favorito, agradável, bonito' e, como substantivo, designou "homem que se presta à lubricidade de outro, amante": está no *Houaiss*. A origem é duvidosa, mas há quem sugira que pode ter vindo de *minet*, 'gatinha'. Para não esquecer: Mignon *por* mignon, *prefiro o que eu faço, disse o gourmet.* Curiosamente, o *filet* aportuguesou-se: perdeu o *t* e ganhou acento agudo no *é*.

Fleugma ou *fleuma*, o que importa é a calma

A opção é de quem fala, ainda que **fleuma**, assim, sem o *g*, seja recomendável. O termo vem do grego *phlégma*, através do latim *phlegma*, 'coisa quebrada'. Normalmente na evolução desse tipo de palavras, o *g* vocaliza em *u*, ou seja, transforma-se nessa vogal. O uso, entretanto, mantém viva e freqüente a forma **fleugma**. Em qualquer das duas formas, a palavra significa 'impassibilidade, serenidade' e também 'frieza de ânimo, falta de interesse, diligência ou pressa, pachorra'. Não custa insistir: as palavras só ganham sentido quando usadas na frase, e esse sentido depende também da situação de fala. *Sejamos* fleumáticos *ou* fleugmáticos*: não é necessária* fleuma *ou* fleugma *para aceitar essa realidade, você concorda?*

Guisado? Acerte no molho e escreva com *s*

Guisado é prato feito à base de legumes ou de carne moída ou picada, refogados de maneira especial. Quer dizer: o mistério está no refogado. Esse modo especial é que justifica o *s* da grafia. **Guisado** é da família do verbo *guisar*, ou seja, preparar de determinado modo. Na base da formação de ambos os termos, *guisa*, um substantivo que significa maneira, feição, só usado atualmente na expressão *à guisa de*, isto é, *a título de, à maneira de*: à guisa de *homenagem à platéia, o poeta declamou, com entusiasmo raro, dois poemas de sua autoria*. A palavra vem do germânico *wïsa*, 'modo, maneira'. Anuncie, portanto, com *s*, o seu **guisado**, *à guisa* de motivação dos seus convidados professores de português. E bom apetite!

Se *hesitar*, não vacile no uso da letra *h*!

É etimológico. Está na origem latina: *haesitare:* 'parar, ficar perplexo, vacilar', sentido que permanece em português.

Hombridade é, em princípio, coisa de homem

Significa nobreza de caráter, dignidade, e também aspecto varonil. A origem é o vocábulo espanhol *hombredad*, da família de *hombre*, 'homem'. Não tem nada a ver com ombro, portanto, e exige o *h* inicial: *O que ressalta na personalidade do candidato à presidência é a sua franqueza e a sua* hombridade.

Atenção à *inadimplência*!

É um neologismo. Surgiu ao lado da antiga **inadimplemento**, termo jurídico que traduz a "falta de cumprimento de um contrato ou de qualquer de suas condições". Apesar de muitos narizes torcidos para ela, a palavra vem-se impondo ao uso. Nada contra: sua formação obedece às tendências da língua. O antônimo de *inadimplemento* é, tranqüilamente, **adimplemento**: "ato ou efeito de adimplir, ou seja, de cumprir, executar, completar um contrato". Obviamente, o oposto de **inadimplência** é **adimplência**, com o mesmo sentido. A família conta ainda com os adjetivos **adimplente** e **inadimplente**, o citado verbo *adimplir* e mais *inadimplir: Com três meses de* inadimplência*, teve anulado o contrato do aluguel do apartamento.* Neologismo é a palavra, a frase ou a expressão nova ou uma palavra antiga com sentido novo.

Idem, ibidem: saiba usar

São termos latinos, incorporados como tal ao português, logo são latinismos. ***Idem*** quer dizer 'o mesmo, a mesma coisa, o mesmo autor, a mesma forma'. Emprega-se nas referências bibliográficas, notadamente nas citações, para indicar o autor já mencionado antes. ***Ibidem*** significa 'no mesmo lugar, na mesma obra, capítulo ou página'. É também usado em citações. Da família fazem parte *identidade, identificar, identificação, identificador, idêntico, identificável.* Atenção nas abreviaturas: *id. ib.* ou *ibid.* Abreviados ou não, use grifados, ou em itálico.

Infarto é problema grave

Na área da saúde. Em especial o do miocárdio. Na grafia não tanto: apenas nas oscilações da designação que alterna com ***enfarte***, ***infarte*** e ***enfarto***. Evite as duas últimas, se quer ficar bem com o registro formal. ***Enfarte*** deriva de *enfartar*, dentro do português: é um caso de derivação regressiva, pois resulta da redução da forma verbal. O verbo, por sua vez, deriva de farto,

farto, cheio. Faz sentido: **enfarte** significa entupimento, inchação, obstrução: ao impedir subitamente a circulação arterial, provoca a necrose da região do órgão a que leva o sangue. **Infarto**, preferida na linguagem científica, vem, por seu turno, do termo latino *infarctu* ou *infartu*, que também queria dizer 'cheio'. Observe que a forma de origem praticamente se mantém, o que caracteriza a palavra como um latinismo. O verbo a que se vincula e do qual é o particípio, é *infarcire*, 'encher, ingurgitar', por sua vez oriundo de *farcire*, 'encher, meter em'. Dá para perceber de onde vem o nosso adjetivo *farto*: de *fartus* ou *farctus*, membro da família. E as duas descartáveis? *Enfarto* é também de formação vernácula, uma derivada regressiva de *enfartar*. Como está muito próxima de **infarto**, perde na concorrência: afinal ambas nomeiam a mesma coisa. A língua, como se vê, tem seus caprichos. Já *infarte* não se sustenta: é filha de jacaré com cobra-dágua: resulta do cruzamento de *enfarte* ou mesmo de *enfarto* com a latiníssima e internacionalíssima **infarto**. A propósito, observe o prestígio da presença desta última na nomenclatura médica internacional: os ingleses se referem ao problema chamando-o de *infarct*, os alemães, de *Infarkt*, os italianos e espanhóis, de *infarto*, como nós. **Infarto** ou **enfarte**, é bom tomar todas as precauções para evitá-lo, em qualquer circunstância e em que língua seja. Cuide-se!

Ipso facto, ipsis verbis, ipsis litteris

Essas expressões latinas incorporadas ao português devem ser escritas em itálico, quando impressas, e sublinhadas, quando em manuscrito. É a norma ortográfica. ***Ipso facto*** significa 'pelo mesmo fato, por isso mesmo': *A greve dos caminhoneiros provocou,* ipso facto, *a crise no abastecimento.* ***Ipsis litteris*** quer dizer 'pelas mesmas letras, textualmente'; ***ipsis verbis***, 'textualmente, pelas mesmas palavras': usam-se para nomear uma citação transcrita nos próprios termos: *Não há erro: o documento transcreve* ipsis litteris *o seu texto sobre o pronunciamento do deputado. Exijo que minha intervenção seja transcrita* ipsis verbis *na ata da reunião, disse o condômino iradíssimo.*

Lato sensu, stricto sensu

São também expressões latinas, incorporadas ao português. Significam, respectivamente, 'em sentido amplo ou lato', e 'em sentido restrito'. Devem ser sublinhadas, quando manuscritas, e reproduzidas em itálico, quando impressas: *Por língua, entende-se,* **stricto sensu**, *"o sistema de expressão falada de tal ou qual comunidade humana";* **lato sensu**, *pode ser entendida como "a realização de uma linguagem, um sistema de signos que permite configurar e traduzir a multiplicidade de vivências caracterizadoras do ser de cada um no mundo"*.

Lazer e *laser*: cuidado!

Lazer é divertimento, distração, recreio, é tempo de que se pode dispor livremente, é ócio, folga, descanso. Vem curiosamente do latim *licere*: 'ser lícito', através da forma do português arcaico *lezer*, por força de uma *dissimilação*, fenômeno fonético que consiste na alteração de fonemas semelhantes. Já o ***laser*** (pronuncia-se "lêiser") corresponde à sigla inglesa para *light amplification by stimulated emission of radiation*, ou, traduzindo, "amplificação da luz pela emissão estimulada de radiação". É um substantivo masculino que quer dizer "fonte de luz monocromática muito intensa e coerente, obtida pela radiação". Vem sendo usado com variadas e cada vez mais freqüentes aplicações, na indústria, na engenharia, na medicina e mesmo em manifestações da arte. Por força da generalização do uso, há quem proponha a grafia *lêiser*. Por enquanto, disputa com a grafia original, em itálico, quando impressa, sublinhada, quando manuscrita: *Os desenhos a* **laser** *deram um brilho novo ao* **lazer** *carioca da última noite do ano.*

O caso da *lentejoula*

Você sabe de onde vem a **lentejoula**, também conhecida como *lantejoula, lentejoila* e *lantejoila*, freqüentadora assídua dos desfiles de fantasia no carnaval carioca? É do espanhol *lentejuela*, diminutivo de *lenteja*, que quer dizer 'lentilha'. O termo designa uma pequena palheta circular e furada, de metal, de madrepérola ou de material plástico, que se cose a um tecido como enfeite e para dar-lhe um aspecto cintilante. É sinônimo de *paetê* (do francês *pailleté*). O verbo da família pode ser *lentejoular, lentejoilar, lantejoular* e *lantejoilar*. Lantejoule-se *no próximo carnaval!*

A ***mídia***: fique de bem com ela

Trata-se de um desses estrangeirismos que, naturalizados, vêm-se impondo ao uso. O aportuguesamento mantém a pronúncia do termo em inglês: *media*, a que corresponde o mesmo significado: "meios, aplicado à comunicação de massa". Essa *media* inglesa corresponde ao termo latino *media*, forma do neutro plural de *medium*, que queria exatamente dizer 'meio'. Inicialmente, essa forma plural foi usada, em inglês, no singular; depois voltou a ser plural: *the medias*, os mídias. Em português, deveria ser usada no masculino, na linha do que acontece com muitas palavras originárias do mesmo gênero neutro. O uso de *média* conflitaria com as significações da palavra em nosso idioma, consagrado como o que ocupa o meio, o resultado da divisão da forma de várias quantidades pelo número delas, e até a xícara grande de café ou de outra bebida, por oposição à xícara destinada ao cafezinho; por extensão, a xícara grande com café ou leite. O sentido, como sempre, decorre da situação de fala e do contexto lingüístico. A palavrinha é tão presente que parece ter gerado uma categoria, a dos LPM: Loucos Por **Mídia**...

Você pode ***mobilhar***, ***mobiliar*** ou ***mobilar*** sua casa

Só depende de sua disposição e de sua disponibilidade financeira. A escolha da forma verbal é livre, embora haja gramáticos que desaconselhem o uso de **mobilhar**. Só exige coerência na conjugação. Essas formas são variantes do mesmo termo e significam 'guarnecer de mobília, fornecer móveis para'. Na base das formas verbais a **mobília** que, por sua vez, vem do latim *mobilia*, 'coisas móveis'. O radical une uma numerosa família etimológica que inclui, além dos verbos citados, *mobilizar, desmobilizar, imobiliária, imobiliário, imobilidade, móvel, imóvel, imobilismo, imobilização, imobilizar, imovível, movimento, remover* e outros. Atenção ao conjugar: *mobilo, mobilas, mobila, mobilamos, mobilais, mobilam; mobile, mobiles, mobile, mobilemos, mobileis, mobilem; mobila, mobile, mobilemos, mobilai, mobilem;*

mobilei, mobilaste, mobilou, mobilamos, mobilastes, mobilaram. Mas *mobílio,mobílias, mobília, mobiliamos, mobiliais, mobíliam; mobílie, mobílies, mobílie, mobiliemos, mobilieis, mobíliem.* E sem pânico: *mobilho, mobilhas, etc.*

O caso da *minissaia*

Só existiu no tempo do lançamento da peça. Hoje é apenas uma questão de grafia. Sem hífen. *Mini-* é, no caso, redução de *mínimo*, grau comparativo de pequeno. A palavra entra na língua em 1967, para designar a saia curta, cerca de 35 cm acima do joelho, criada pela figurinista inglesa Mary Quant. O primeiro elemento da composição freqüenta outras palavras, como *minissubmarino, minimundo, minicomputador, minicurso, minifúndio, minirretrato, minissérie, minivestido.*

Ontem: escreva sem *h*

Se é que você tem dúvidas a respeito. **Ontem** resulta da expressão latina *ad noctem*, em que não há nem sombra do *h*. O seu uso equivocado talvez se deva à influência da palavra *hoje*, situada no mesmo campo semântico: *Quando penso no amanhã, recordo-me sempre do* ontem.

Ovo tem forma de *estrela*?

Pelo menos essa parece ser a justificativa para a forma referendada pelo registro formal, segundo o qual você deve **estrelar** ovos, em vez de *estralá-los* ou *estalá-los*. Na verdade, trata-se de um caso de ultracorreção — correção equivocada — da forma coloquial estralar, variante de estalar. E este verbo originariamente não é da família de estrela, do latim *stela*: ele vem do latim *estallar*. O que fazer? *Estalar, estralar* ou *estrelar* ovos? Use a forma que mais lhe agradar, e reserve **estrelar** para as exigências do uso formal.

Pari passu é como *ipso facto*, em termos gráficos

Use, portanto, a palavra sublinhada, nos manuscritos, e em itálico, quando impressa. Significa 'simultaneamente, a passo igual'. É claro que, como está escrito linhas acima, *ipso facto* significa 'pelo mesmo fato, por isso mesmo'. Os dois termos são paroxítonos, por favor. E não admitem preposição antes: *Língua e cultura caminham* **pari passu**.

Porcentagem ou *percentagem* — o valor da taxa não muda

A **percentagem** guarda fidelidade à sua origem latina: *per centum* + o sufixo de origem provençal ou francesa, *-agem*, que indica 'ação, resultado da ação, coleção'. Já a **porcentagem** é de formação vernácula, vem de 'por cento'. O sentido é o mesmo: "Parte proporcional, calculada sobre 100 unidades" ou "taxa de juros sobre um capital de 100 unidades": *Caiu muito, nos últimos anos, a* porcentagem *(ou* percentagem*) de candidatos aos cursos do magistério.* Na família, o sinônimo *percentualidade* e mais *porcentual* e *percentual*, que se usam como adjetivos ou substantivos: *O investimento gerou um resíduo* percentual *da ordem de 5%; é um* percentual *razoável, diante do número de falências do ano.*

Por que porquê?

Porque é escrito numa só palavra quando funciona como termo de ligação, isto é, quando junta termos, expressões ou orações — é uma conjunção — ou quando é substantivo.

No primeiro caso, a) pode subordinar um elemento a outro e estabelecer uma relação de causa: *Não viajei* porque *o vôo foi cancelado*; b) simplesmente indicar a ordenação dos elementos independentes que se unem na frase: *A jovem devia estar aborrecida*, porque *não disse uma palavra durante o jantar*. Pode, portanto, funcionar como conjunção subordinativa ou como conjunção coordenativa: no primeiro caso, marca uma relação de dependência, indica que um termo está "sob as ordens" de outro, na medida em que exerce uma função ligada ao outro; no segundo, apenas se situa entre orações que se ordenam juntas e caracteriza uma explicação.

Quando é substantivo, significa *razão, causa* e leva acento circunflexo no *e*: *Ninguém sabia o* porquê *da súbita decisão do pai.*

Por que, assim, em duas palavras, é grafia exigida em cinco situações

1. Na interrogação, direta ou indireta, caso em que se pode subentender as palavras causa ou motivo depois do que: Por que *lamentar-se tanto? A vida é uma dádiva. Não sei* por que *você se recusa a viver bem. Você não vive bem,* por quê*? Nunca entendi* por que *criança sofre.*
2. Quando o conjunto equivale a *pelo qual, pela qual, pelos quais, pelas quais*: *Não sei a razão* por que *o tempo urge nem o motivo* por que *você tanto reclama; as causas* por que *sua mãe silencia? Silêncios de quem te ama.*
3. Quando a locução corresponde a *por qual, por quais*: — *Gostaria de saber* por que *razão você não me telefona.* — *Pelos mesmos motivos* por que *você não me liga. Nem pelo celular!*

4. Quando o *que* introduz o *complemento de um verbo*: *Anseio* por que *me abraces*. Nesse caso, como o que ele introduz integra o sentido do verbo, diz-se que é uma conjunção integrante.
5. Quando a expressão é parte de um título que encerra uma *idéia interrogativa*: Por que *o Brasil é um país confiável.*

Atenção para o seguinte enunciado

Por que ler Carlos Drummond de Andrade? *Porque* sua poesia traz uma profunda preocupação existencial?

Observe: O segundo **porque** encerra uma idéia de causa, tanto que não admite uma resposta afirmativa ou negativa: a oração já constitui, em si mesma, uma resposta à primeira indagação; por isso se escreve numa só palavra. Isso não acontece com o **por que** da primeira frase, que é um advérbio interrogativo.

Atenção também na grafia: usa-se acento circunflexo em **por quê** ou **quê** sempre que estiverem no final da frase ou logo depois de pausa:

Seu peito doía tanto, por quê?

A mãe estava preocupada, ignorava por quê, *mas sentia o coração apertado.*

O que acontece com o *quê*?

Quando tônico, deve ser sempre acentuado nas seguintes situações:

1. No *final de frase*, sozinho ou como integrante do conjunto **por quê**: *Modificar o seu rosto em* quê? *Operar* por quê? *para* quê?
2. Quando é *interjeição*: Quê!? *Operação plástica, nessa idade! Nem pensar!*
3. Se é *substantivo*: *Havia em suas palavras um doído* quê *de amargura.*
4. Na expressão *um não sei quê*: *Surpreendi em sua fisionomia* um não sei quê *de muito grave.*

Diante do *purê*, delicie-se, mas mantenha o acento circunflexo

A palavra vem do francês *purée*, particípio de *purer*, no feminino, 'passar na peneira, escorrer'; na base o verbo latino *purare* e o adjetivo *purus*, 'sem mancha'; está incorporada ao português do Brasil. É mais um imigrante bem-vindo. **Purê** de batatas ou de aipim alterna, no uso informal, com *pirê*, também por influência da pronúncia francesa ou por analogia com pirão, este originário do tupi. *Batata pouca, meu* purê *primeiro*, disse a sofisticada comensal. Em Portugal virou *puré*, como tal.

Sangüíneo exige esse trema?

Exigir, não exige. Você pode usar a palavra com ou sem ele. As duas pronúncias são bastante freqüentes no Brasil. Acontece com inúmeros outros derivados de sangue, como *sangüinário* ou *sanguinário, sangüinolento* ou *sanguinolento*. Um lembrete, por solidário: com trema ou sem trema, doe sangue. Não oferece nenhum risco e pode salvar algumas vidas.

E o hífen de *sem-número*?

Depende do sentido da expressão: com hífen, indica grande quantidade, número indeterminado, e é uma locução substantiva: *Eu já lhe disse um* sem-número *de vezes, minha filha, esqueça esse namorado! Era impressionante o* sem-número *de pessoas aglomeradas na porta do Instituto de Previdência*. Sem hífen, significa que não possui número, que não pode ser numerado e é uma locução adjetiva: *Vivia numa casa* sem número*, num bairro longínquo*. A palavra *hífen* vem do latim tardio *hyphen*, por sua vez oriundo do grego *hyphen*, que significava 'unidos num só corpo', esclarece A. G. Cunha, no seu *Dicionário etimológico*.

O caso de *sênior* e *júnior*

Apesar do percurso pelo inglês, essas palavras vêm do latim: **sênior** quer dizer o mais velho dos: é o comparativo de *senex*, 'velho'. Repare que *senectude*, sinônimo de velhice, *senil*, sinônimo de velho, são da família. **Júnior** significa o mais moço dos: é comparativo de *junior*, que é forma reduzida de *iuvenior*: *iuvenis* significava 'moço, jovem'. *Juventude* pertence à família. O plural de ambas é que provoca um certo estranhamento: *seniores* e *juniores*. Que se há de fazer? Repare que o *Jr.*, abreviatura que aparece nos nomes dos filhos que repetem os dos pais tem sentido rigoroso: João da Silva **Júnior**, por exemplo, é, literalmente, o mais novo dos Joões da família. Não se esqueça dos acentos!

Você pode ir ao *shopping* ver o *show* de *short*

Desde que, ao escrever essas palavras, sublinhe no manuscrito e use itálico na letra impressa. São anglicismos que ainda não se aportuguesaram. Alguns puristas querem que se deixe de usar esse tipo de palavras, se existir similar em português. No caso, o ***shopping*** daria lugar ao empório, o ***show*** ao espetáculo e o ***short*** à calça curta: a proposta resiste ao uso, sobretudo em tempos de globalização.

Sic, sine qua non, sine die, status quo, pro-labore

Estas palavras e expressões latinas são bastante usuais. Devem ser sublinhadas no manuscrito e escritas em itálico, quando impressas.

Sic é uma advérbio latino; significa 'assim'. Emprega-se, entre parênteses ou entre colchetes, depois de uma palavra ou citação, para indicar que, por mais estranho que possa parecer, o texto original é assim mesmo: *O jovem professor, surpreendentemente, defendia, na televisão, uma lei que suprimisse* **(sic)** *da língua portuguesa todos os termos estrangeiros.*

Sine qua non: indica cláusula ou condição sem a qual não se realizará tal ou qual coisa: *Conhecer bem português era condição* **sine qua non** *para ocupar aquele importante cargo.*

Sine die: significa 'sem dia, sem data fixada para um adiamento': *A reunião dos condôminos foi transferida* **sine die**.

Status quo: indica o estado ou a circunstância em que uma pessoa ou coisa se encontra num determinado momento: *O diretor do colégio não admitia nenhuma proposta que alterasse o* **status quo:** *era avesso a qualquer mudança.* A construção com *s* é mais usual do que *statu quo*, que resulta da expressão latina *in statu quo ante*: 'no estado anterior'.

Pro-labore: literalmente 'pelo trabalho': trata-se de remuneração por serviço prestado. O plural é ***pro-labores***; admite a grafia sem grifo ou itálico: pro-labore, pro-labores.

O famoso advogado, conhecido por suas atitudes em defesa do **status quo**, *recebeu vultoso pro-labore para defender o adiamento* **sine die (sic)** *da aprovação do novo acordo ortográfico luso-afro-brasileiro. Era condição* **sine qua non** *para a sua contratação.*

Sucinto: só use um *s*

A origem, latina, está na base da grafia e do sentido. O termo resulta do adjetivo *succintus*, que significava "apertado com o cinto, desembaraçado, ágil, rodeado, cercado, cingido, curto". Está no *Houaiss*. No percurso para o português, manteve inicialmente o significado original, para depois ganhar o sentido figurado: breve, conciso, resumido.

Tataraneto é filho de bisneto ou de bisneta

E daí em diante. É a lição dos grandes lexicógrafos, entre eles, Antenor Nascentes. O termo envolve, portanto, o trineto, a trineta e todos os descendentes diretos a partir dele. Resulta da forma *trastrasneto*, que conviveu, em determinada época, na nossa língua portuguesa, com *trasneto*, filho de neto. Admite a variante *tartaraneto*. *Trineto e trineta*, criações eruditas que levam de imediato a *trisavô e trisavó*, não ganharam a tradição do uso. *Neto*, curiosamente, é um masculino que vem do feminino: o termo *nepta*, no latim vulgar, *neptis*, 'neta, sobrinha', no latim clássico, opunha-se a *nepos, nepotis*, 'neto, sobrinho', que não passou nem para o português, nem para o espanhol. Prefira, portanto, falar de **tataraneto, tataraneta,** *tataravô* e *tataravó*: *O feliz* tataravô *comemorou seus 90 anos, lúcidos e sadios, ao lado de dez netos e netas, cinco bisnetos e quatro* tataranetos, *uma festa!*

Úmido é da família de *umedecer*

Apesar do *i* do primeiro e do *e* do segundo. E, curiosamente, ambos são escritos com *h* inicial no português lusitano. No Brasil, com o aval do *Pequeno vocabulário ortográfico da língua portuguesa*, o uso formal referenda **úmido** e **umedecer**. É que **úmido** foi, durante algum tempo, *úmedo*, resultado normal da passagem do latim *umidu* para o português. É nessa época que se forma o verbo, com o acréscimo do sufixo *-ecer* ao radical *umed-*: **umedecer**. Daí a presença do segundo *e*. **Úmido** deve ter surgido da assimilação parcial do *e* de *umedo*, pressionado pela presença do *u* tônico inicial. Em Portugal, a grafia com *h* resulta, possivelmente, de analogia com *humor*, explicam etimologistas de boa cepa.

Cuidado com o *vazamento*!

Sobretudo com o *z* da grafia. Trata-se do ato ou efeito de vazar, dar vazão, dar vazadura; nomeia também o lugar por onde se escoa um líquido e o próprio ato de vazar. **Vazar** tem vários significados, entre outros: tornar vazio, esvaziar, entornar, despejar, verter, furar ou atravessar, desaguar, arrancar, modelar, calcar, esgotar-se paulatinamente, sair, retirar-se, ser transparente. Tornar-se conhecido por descuido, ficar vazio. O verbo é uma forma alterada de *vaziar*, que se origina de *vazio*, por sua vez oriundo do latim *vacivu*. Esse tipo de *c*, intervocálico, normalmente se tornou *z*, na passagem do latim para o português. Esse *z* permanece nas palavras da família, *vazado, vazadouro ou vazadoiro, vazador, vazante*, inclusive a da maré, *vazanteiro, vazantino* (pertencente e ou relativo a Vazante, cidade de Minas Gerais), *vazão*, entre outras.

Use o acento certo no lugar certo

Questões de prosódia

O estudo da devida colocação do acento tônico das palavras é objeto da *prosódia*, uma das partes em que se divide a *Fonologia*. Na origem, o grego *prosoidía*, 'canto para acompanhar a lira, acento tônico', com a forma latina *prosodia*, 'acento tônico, quantidade das sílabas', no percurso até o português.

Por **acento tônico** entende-se o lugar de maior força da voz, quando dizemos as palavras.

Em função da tonicidade é que a gramática divide os vocábulos em **oxítonos** ou **agudos**, com acento na última sílaba, como *avós, amar,* **paroxítonos** ou **graves**, com o acento na penúltima sílaba, como *avos, açúcar*, e **proparoxítonos** ou **esdrúxulos**, com acento na sílaba que vem imediatamente antes da penúltima, como *cédula, veículo.*

Os *monossílabos* são **tônicos** quando se destacam entre os termos do enunciado de que fazem parte: *Todos ansiamos pela* paz; são **átonos** quando emitidos como se integrassem outra palavra no enunciado: *Sem fé não* se *chega* ao *céu.* A *vida é uma surpresa* a *cada dia.*

O acento tônico está presente em quase todas as palavras da nossa língua portuguesa.

Reveja, na seqüência, palavras que costumam dividir emissões, tendo em mente que em alguns casos o **acento tônico** é indicado por sinais: os **acentos gráficos.**

Você diz *acróbata* ou *acrobata*?

Sem ansiedade: qualquer das duas emissões é aceita pelo registro formal. A primeira é a preferida pelos próprios. E eles são os indivíduos que se dedicam a exercícios de força, destreza e habilidade, com ou sem a ajuda de equipamentos, seja como espetáculo circense, seja em competições de ginástica. Se você preferir, pode chamá-los de malabaristas e de ginastas. O termo vem do grego *akróbatas*, 'que anda na ponta dos pés'; na passagem para o português, a influência francesa de *acrobate*, o que justificaria o acento tônico na penúltima sílaba, ao lado da tendência da nossa língua a essa opção.

Ambrósia e *ambrosia*

Não confunda. **Ambrósia** é nome próprio. De mulher, é claro. A origem é grega: *Ambrosie*, vinculada ao adjetivo **ambrósia**, que significava 'imortal'; no percurso até o português, a latina *ambrosia*. A **ambrosia** é, de início, um manjar dos deuses greco-romanos que lhes garantia a imortalidade. Também vem do grego, *ambrosía*, paroxítona, indicadora de 'alimento ou perfume dos deuses', pela latina *ambrosia*, com tonicidade no *o*. Depois, deu no que deu: um doce feito de ovos e leite, cozidos em calda de açúcar. Delicioso, mas sem qualquer atributo imortalizante. A rigor, também deveria ser **ambrósia**, mas os caprichos do uso fixaram a paroxítona. A mesma oscilação marca o uso da palavra quando designa um tipo de ervas, entre elas erva-de-santa-maria. Recomenda-se, portanto, a **ambrosia**: afinal, o povo é quem faz a língua.

Você costuma valer-se de *antinomias*?

Se for o caso, use a palavra assim, como paroxítona, e garanta a contradição que a caracteriza: *Não insista nas* antinomias, *disse o filósofo, você não convencerá ninguém.* Por falar em filosofia, nesse espaço a palavra designa precisamente "contradição entre duas proposições filosóficas igualmente críveis, lógicas ou coerentes, mas que chegam a conclusões diametralmente opostas, demonstrando os limites cognitivos ou as contradições inerentes ao intelecto humano". Está no *Houaiss*. Por conseqüência, o termo se estende à contradição entre princípios, doutrinas e preceitos de toda ordem. Ao fundo, o grego *antinomía* e o latim *antinomia*, no percurso. Se você vivesse entre os romanos, poderia usar tranqüilamente a proparoxítona, mas como fala português, fique com a pronúncia grega. Na palavra, a presença do prefixo *anti-*, que indica 'oposição', e o radical *onon-*, o mesmo de *nome*, *antropônimo*, *sinônimo* e *parônimo*.

Aríete ou *ariete*?

Praticamente, o uso do termo só é comum em filmes de reconstituição histórica, em linguagem de marinha ou de engenharia mecânica. No primeiro caso, se refere àquela arma guerreira que consiste, em geral, numa peça longa e grossa de madeira, com uma ponteira aguda, às vezes de metal, com que se procurava, com a força humana, derrubar muralhas e pontes de cidades ou fortificações. Em espaços marinheiros, nomeia uma saliência reforçada da roda de popa de um navio que se usava, há algum tempo, para provocar estragos nas naus inimigas, caso em que também é conhecido como "esporão". Entre os engenheiros, a palavra é acompanhada do adjetivo *hidráulico* para designar a máquina destinada a elevar a água com a sua própria força. Em qualquer dos casos, diga **aríete**: você estará seguindo a tradição que vem do latim *aries*, *arietis*.

Se é padrão, é *arquétipo*

Assim, proparoxítona. Para nomear modelo básico, que possibilita reprodução, que é paradigma. Ou, no âmbito da psicologia, segundo C. G. Jung, "conteúdos simbólicos presentes no inconsciente coletivo, ou configurados no imaginário de cada pessoa, evidenciados em lendas, sonhos, manifestações da arte e comuns a toda a espécie humana". Vem do grego *archétypon*, 'tipo primitivo, original', intermediado pelo latino *archetypum*, e pelo antigo francês *architípe*, atual *archétype*.

Aziago: o azar, o Egito e o acento

O adjetivo é carregado de mau agouro, infelicidade. No núcleo do significado, a memória das sete pragas do Egito, acentuada na designação medieval dos dias negativos. O termo vem do latim *Aegyptiacus*, 'egípcio', antes *aegytiacu*. Use-o como paroxítono e fique bem com o registro formal. *E fuja dos pensamentos* aziagos!

É *bororo* ou *bororó*, a tribo mato-grossense?

Bororo. A tribo, o índio que a integra e o grupo indígena de que faz parte. É a acentuação autorizada pelo uso formal. **Bororó**, substantivo, nomeia um tipo de veado, animal bastante presente na América do Sul. *Não há muitos* bororós *no Zoológico do Rio de Janeiro*. Como adjetivo, com conotação pejorativa, designa quem é pouco civilizado, é matuto. No uso coloquial é freqüente empregar o oxítono para designar o grupo indígena ou o representante dele: "*Quem é* *que viu uma índia por aí? Não é* bororó, *tupiniquim, nem guarani"*, cantava-se na antiga marchinha carnavalesca. Fique com o **bororo**. É mais prudente.

Bulimia: evite o distúrbio, assegure a grafia

Até porque se trata de um distúrbio psíquico que associa uma fome insaciável à ingestão compulsiva de alimentos, seguida da eliminação provocada dos mesmos, por meio da ingestão de laxantes e similares. Um desconforto, enfim. Que fere os ouvidos dos guardiães do registro formal, se você trocar o *i* tônico pelo *e*. Na base, o grego *boulimia,* 'fome intensa e sôfrega'. *Castigada pela* bulimia, *a modelo desmaiou na passarela.*

Afinal, se diz **cáqui** ou **caqui**?

Depende. A palavra pode designar aquela fruta deliciosamente vermelha, quando madura. Nesse caso, a pronúncia varia de acordo com a região: em Porto Alegre, por exemplo, a palavra é paroxítona. Como termina em *i,* manda a convenção ortográfica em vigor marcar a sílaba tônica com acento gráfico. Já no Rio de Janeiro, se pronuncia como oxítona, e, dentro das regras, se escreve sem acento gráfico. Se você estiver pensando em outra cor, aquela tonalidade que não é nem marrom nem amarela, e que costuma freqüentar uniformes militares e ainda de estudantes de um ou outro colégio, a preferência recai, pelo menos em terras cariocas, no **cáqui**, assim, paroxítono. O *Houaiss* informa: no caso da cor, a origem está no urdu ou no hindustani, *kaki,* ou *khaki,* 'cor de pó', que por sua vez vem do persa *khak,* 'pó'; no percurso para o português deve ter estado o inglês: *khaki.* Já o nome do fruto do caquizeiro vem do japonês *kaki.* Sutilezas da fascinante história das palavras. A tendência à diferença da pronúncia prende-se, talvez, ao caráter opositivo que marca o sistema fônico da língua portuguesa: a dupla pronúncia contribui para identificar cor ou fruto. Para seu governo: o *Vocabulário ortográfico da Academia Brasileira de Letras* registra **caqui** para a fruta e **cáqui** para a cor. Por prudência, fique com ele.

Se diz *catéter* ou *cateter*?

A rigor, **cateter**, mantida a fidelidade ao termo grego da origem: *katheter, kathetéros*, 'sonda'. Essa é a pronúncia preferida pelos profissionais de medicina para designar o "tubo ou sonda, rígido ou flexível, feito de diversos materiais, destinado a ser introduzido em canais ou cavidades do corpo, em função exploratória, ou para injetar líquidos, medicamentos". A pronúncia como paroxítono, entretanto, é a mais comum no Brasil. Os portugueses preferem usar a oxítona. Qualquer que seja o modo de dizê-la, a experiência com o instrumento está longe de ser confortável.

Ciclopes não eram *cíclopes*

Nem em grego, em que o termo correspondia a *kuklos, kuklopos*. Na formação, provavelmente no singular, *kuklos*, 'círculo' e *ops*, 'olho'. Assim eram chamados os fortíssimos e poderosos gigantes de um olho só, no meio da testa, entidades da mitologia greco-romana. Eram filhos de Vesta, a Terra, e de Urano, o Céu Constelado, irmãos dos titãs e dos hecatônquiros, estes com seus cem braços e cinqüenta cabeças.

Cizânia não é de bom-tom

Muito menos se você trocar o lugar do acento. Seja para designar discórdia, desavença ou certa gramínia nociva aos trigais, o conhecido *joio*. Esse conflito gerado pelo joio no meio do trigo explica a outra acepção do termo. A origem, obviamente, é a mesma: *zizania*, em latim, por sua vez oriundo do grego *zigánion*, ambos designadores do 'grão' e, por extensão, em sentido figurado, da 'desavença': *O seguro governante não dá ouvidos aos açuladores da* cizânia.

O caso do *crisantemo* e de outros oscilantes

É igual ao de uma série de palavras que, mesmo no uso formal, admitem a dupla pronúncia: o termo vem do grego *chrysánthemos*, que significava 'flor de ouro', através do latim *chrysanthemu*. Você pode mandar um arranjo de **crisantemos** ou de **crisântemos** para a pessoa amada. O resultado independe da grafia da palavra. Pessoalmente, mando **crisântemos**: considero mais poético. Simples questão de gosto. No mesmo caso da flor dourada estão, entre outros termos, *hieróglifo* ou *hieroglifo, Oceânia* ou *Oceania, ortoépia* ou *ortoepia, projétil* ou *projetil, sóror* ou *soror, Dário* ou *Dario, zângão* ou *zangão.*

Você diz *doze*?

Faz bem, em termos de registro formal. A forma *douze* não se recomenda, embora se possa explicar pela possível analogia com *dous*, forma antiga de *dois*. **Doze** vem de *du**o**decim*, depois *d**o**dece*, formas do latim.

Druida não é *druída*

Deixe o acento tônico no *u* ao designar os antigos sacerdotes da velha Gália e da Bretanha. Desde o latim da origem, *druida*, que, segundo alguns especialistas, configura a adaptação ao gaulês. O termo popularizou-se a partir das histórias francesas de *Asterix, o gaulês.*

Entre *elétrodo* e *eletrodo*, não se queime!

A pronúncia mais culta, em função da origem grega da palavra, é **elétrodo**. Mas ela vem competindo, no uso cotidiano, inclusive didático, com **eletrodo**. A escolha é sua. Se estiver se referindo ao "condutor por meio do qual se fornece ou se retira corrente elétrica de um sistema" ou, ainda em eletricidade, a "cada uma das placas de um condensador".

Fenótipo: mais indicado do que fenotipo

A palavra é de origem grega: *feno* liga-se a *phaino*, 'brilhar, aparecer', e *tipo* vem de *typo*, 'modelo, marca'. Designa a característica de um indivíduo, determinada pelo seu genótipo e pelas condições ambientais. O adjetivo da família é *fenotípico*: que tem a mesma aparência, ou relativo ao **fenótipo**.

Genótipo é mais castiço

O acento é de lei, pois se trata de um vocábulo proparoxítono. Compõe-se de *gen*(o) + *tipo*. *Gen-* é a raiz do grego *gígnomai*, 'gerar'. Daí *gene*, unidade hereditária ou genética, situada no cromossomo e responsável pelas características próprias de um indivíduo. **Genótipo** é o conjunto dos genes de um indivíduo. Indica também o grupo de indivíduos com igual constituição genética.

Gratuito, *intuito*, *fortuito*: olhe a pronúncia!

São vocábulos paroxítonos. Desde as formas latinas *gratuitu, intuitu, fortuitu*. **Gratuito** quer dizer de graça; espontâneo, desinteressado; e também infundado: *Teve a sorte de ser aluno* gratuito *do Colégio Pedro II — Internato. Seu gesto não fora* gratuito*: esperava no mínimo um agradecimento do beneficiado. Era* gratuita *a acusação de perjúrio*. Na família etimológica, grato, gratificar, congratular, entre muitos. **Intuito** significa intento, plano, finalidade: *Ao viajar para o Oriente, tinha como* intuito *aprender a língua árabe, a décima sexta que dominaria*. **Fortuito** é o que é casual, eventual, acidental: *Aquele amor resultava do encontro* fortuito *de duas almas próximas*. Na base, o mesmo radical de *fors, fortis*, 'acaso, casualidade, sorte, ventura', presente em outras palavras da numerosa família: *fortuna, afortunado, infortúnio, fortuidade*.

Entre o *hieroglifo* e o *hieróglifo*

A opção pode ser sua, embora a primeira seja a mais freqüente para indicar cada um dos sinais que caracterizam, entre outras, a escritura dos antigos egípcios, decifrada por Champollion. Em sentido figurado, o termo estende-se a qualquer escrita de interpretação difícil, símbolo ou figura enigmática. Na origem o francês *hieroglyphe*, indicador de sinais da escrita egípcia, em que se identifica esse *hiero*, que, em grego, significa 'sagrado'.

Ibero: isolado ou nos compostos, a tônica é a penúltima

O termo nomeia um dos antigos povos que antes dos romanos habitaram a Península Ibérica. *Ibéria* foi a designação com que os historiadores gregos denominaram a região. Designa também a língua falada por aquele povo. Vem do latim *iberus*. A propósito, não é matéria tranqüila a configuração dos distintos habitantes da região antes que as águias romanas dominassem a paisagem. São parcos os documentos e as informações. Até onde se pode chegar, admite-se a existência, ao longo do tempo, a rigor desde a Era Paleolítica, de dois primitivos povos: o cântabro-pirenaico (irmão dos povos do oeste e do sul da França) e o mediterrâneo, ou de cultura caprense (irmão dos povos da África Menor e da Líbia), cujas designações esclarecem, desde logo, as áreas que os cunhavam. Do primeiro desses dois núcleos de povoadores, percorridos muitos séculos, originaram-se o povo *basco* ou *vasco* e o povo *astur* (das Astúrias); do segundo é que adveio o povo *ibero*. Os bascos se destacaram por serem os únicos que não usaram o latim como idioma, após a conquista: permaneceram fiéis à sua língua original. No jogo de mudanças, aliás, sabe-se hoje que os atuais bascos, ainda que pertençam à cultura cântabro-pirenaica, tiveram necessidade de mudar de idioma e representam, na língua, uma continuação do *ibero*, como esclarece Serafim da Silva Neto. Além do nome dado à Península, várias marcas *ibéricas* acrescentaram-se ao latim que viria impor-se e integraram-se ao português; por exemplo, palavras como *lousa*, *abóbora* e *barro*. Quer saber mais? Consulte a *História da língua portuguesa* do citado filólogo Serafim da Silva Neto, fonte, entre outras, destas nossas informações.

Não confunda *idólatra* com *idolatra*

Para não misturar nome com verbo. O **idólatra** é o adorador de ídolos e, figurativamente, aquele que ama, que se dedica ao excesso: *Era um* idólatra *da cronologia*. Diz-se também do sentimento exacerbado, daquilo que é *idolátrico*: *Nutria uma dedicação* idólatra *aos livros raros*. **Idolatra** é a terceira pessoa do verbo da família: *A caçula da família* idolatra *o irmão mais velho*. Na origem, do substantivo o grego *eidololátres* por meio do latim *idololatra* ou *idololatres*.

Na passagem para o português, um fenômeno comum: a supressão de uma de duas sílabas iguais ou semelhantes, próximas no vocábulo, a chamada *haplologia*.

O desonesto é *improbo*

É a pronúncia adequada, segundo o registro formal. Diz-se, portanto, de quem não tem probidade. Na origem, o adjetivo *improbus* tinha a força da voz na primeira sílaba; no percurso até o português, seguiu a tendência dos paroxítonos que caracteriza o nosso idioma. Pode referir-se também ao que é difícil, fatigante. É o antônimo de *probo*, designativo de quem cultiva a probidade, é honesto, íntegro, honrado.

Borracha se faz de *látex*

Colhido do tronco da seringueira. Trata-se de um líquido leitoso, por vezes amarelado ou alaranjado, comum também a outras plantas. Vem do latim *latex, latices*, com o significado de 'líquido, fluido'. O lugar do acento tônico permaneceu, portanto. *A coleta do* látex *exige sacrifício do seringueiro.*

Cerveja se faz com *lêvedo*

Embora a forma paroxítona seja a mais usada no Brasil para indicar a *levedura*, o fungo responsável pela fermentação que garante a cerveja e outras bebidas alcoólicas com que você se delicia e o pão que você come. Na base, *levitus*, por *levatus*, que em latim queria dizer 'elevado, erguido'.

Controle a *libido*, seu "instinto de vida"

Pelo menos, segundo Freud, o pai da psicanálise. Mas garanta, paralelamente, a adequação ao registro formal, sendo fiel à tonicidade na penúltima sílaba. A palavra nomeia, a rigor, a energia vital que se manifesta através da sexualidade. Na origem, o latim *libido, libidinis,* 'paixão, desejo intenso'.

Macabro **é mais fúnebre**

Se você mantém o acento na penúltima sílaba. Desde o francês *macabre*, de onde se origina, termo que adjetivava uma crença medieval em torno da morte: *Sombras* macabras *pareciam dançar na paisagem noturna.*

De *misantropos* e *filantropos*

São palavras da família de 'homem', *antropos*, em grego. Em português, são paroxítonas. **Filantropo** traz desde o grego o radical *fil*, de *filos*, 'amigo'; *philántropos* queria dizer, literalmente, 'amigo do homem'; é a base do significado que tem em português: humanitário, aquele que faz filantropia. Já **misantropo** vem do grego *misántropos* com esse radical *mis-*, o mesmo do verbo *misso*, 'detestar, odiar', e de *misos*, 'aversão': identifica quem ou aquele que tem aversão à sociedade, é insociável, evita a convivência, prefere a solidão; diz-se também do homem melancólico; é sinônimo de *antropófobo*. O acento na penúltima sílaba obedece à tendência dominante na língua portuguesa. *Mais vale ser* filantropo *do que se isolar na* misantropia.

É ***mister***, por favor

Se você quiser dizer que é necessário. Se diz também *faz-se mister, haver mister de*. **Mister** é também substantivo, com o significado de ocupação, trabalho, ofício, mas sempre com acento na última sílaba: *Árduo o* mister *do escritor*. Na origem o termo latino *minist**e**rium*, 'ofício, necessidade', possivelmente por meio do francês *mestier*, atualmente *métier*: 'ofício, necessidade, obrigação'. Se você muda o lugar do acento, a palavra vira senhor, em inglês.

Monólito ou ***monolito***

Prefira o primeiro, para nomear granito de grandes dimensões ou monumentos, como os obeliscos, formados de uma única pedra. Você estará sendo fiel às origens do termo: o latim *mon**o**lithos*, 'feito de uma única pedra', adaptado do grego *mon**ó**lithos*, formado de *mono*, 'um', e *lithos*, 'pedra'. O padrão prosódico agradece.

Necrópsia ou ***necropsia***?

Prefira a segunda, se tiver que falar nela, mais de acordo com a origem grega, com os radicais *nekrós*, 'morto', e *ops*, 'olhos'. **Necrópsia** é bastante comum, talvez por analogia com a sinônima *autópsia*, também grega, comentada páginas atrás.

O famoso prêmio é ***Nóbel*** ou é ***Nobel***?

Nobel. Oxítona. *Alfred Nobel* (1833-1896) é o nome do industrial e químico sueco, inventor da dinamite (1866) e de uma pólvora sem fumaça (1889). Ficou rico com a produção de explosivos e a exploração dos campos de óleo de Bacu, e legou sua riqueza como fundo para a concessão de cinco prêmios anuais a pessoas que se tenham destacado por suas contribuições científicas (Química, Física e Medicina), conjunto de obras literárias e contribuição à causa da paz mundial. A distribuição dos prêmios **Nobel** data de 1901. Em 1969, estendeu-se também às Ciências Econômicas.

Novel indica o que é novo, principiante

É oxítono. Vem, possivelmente, do catalão *novel*, pelo espanhol *novel*: *O* novel *funcionário encontrou dificuldades de adaptação.*

Pátena é mais adequado que *patena*

Embora as duas pronúncias disputem lugar no mercado verbal. Ao designar aquela pequena peça redonda que cobre o cálice e recebe a hóstia no ritual da missa católica, mantenha-se fiel à proparoxítona. É o que recomenda o registro formal. Na origem, o latim *p**a**tena*, também com tonicidade na primeira sílaba, é usado para 'nomear tigela de cozinhar peixe, ou prato, ou o conteúdo dele'.

Diante da *pegada*, não vacile

Tanto quando ao exercer a ação de pegar, como quando se referir à marca deixada no chão pelo pé. No primeiro caso, liga-se ao particípio do verbo pegar; no segundo, vem do latim *pedicata*, de *pes, pedis*, 'pé'. *A* pegada *dentro do gol revelou que a* pegada *do goleiro não fora eficiente.* O registro formal agradece.

Ao mencionar o modelo original, chame-o de *protótipo*

O termo é proparoxítono. Desde a forma grega de que se origina, *prototypos*, 'o tipo primitivo, o primeiro', passando pelo latim *prot**o**typus*, ambos com acento na antepenúltima sílaba. Na estrutura, *proto, 'primeiro', + tipo. O* protótipo *de mais um avião brasileiro recebeu elogios da comunidade aeronáutica.*

Você pode ser *pudico* sem vergonha da prosódia

A *pudicícia* fica ainda mais bem caracterizada se o adjetivo é usado com a tonicidade na penúltima sílaba, por sua condição de palavra paroxítona, desde a origem *pudicus,* com a mesma acepção atual, 'recatado, virtuoso, honrado, puro, honesto'. É mais um termo erudito. O antônimo é *impudico.* Pudica, *a jovem surpreendeu a todos com a raridade do seu comportamento.*

E o acento de *recém*, cai bem?

Claro. O vocábulo é oxítono, terminado em EM. É forma reduzida de *recente.* Funciona como prefixo, com o sentido de *recentemente,* sempre vinculado a particípios em derivados: *recém-nascido, recém-batizado, recém-eleito, recém-empossado.* Recém-*chegado do exterior, estranhou o calor do Rio de Janeiro.* No falar gaúcho e em Santa Catarina aparece como advérbio, solto após o verbo, ou antes dele, ligado por hífen: *D. chegou* recém *de Porto Alegre. E* recém-*desceu do avião, seguiu para uma festa em Ipanema.* Recém-*amanhecera quando, finalmente, regressou a casa.*

Bate-se *record* ou *recorde*?

Apesar da insistência da forma inglesa, a palavra já se aportuguesou: virou **recorde**, paroxítona. De par com alguma insistência em *récorde.* Indica a melhor atuação esportiva que, no mesmo gênero e em situações similares, supera as anteriores e, como tal, é oficialmente registrada: *A representação brasileira conseguiu bater alguns* recordes *no campeonato sul-americano de natação.* Há gramáticos que rejeitam o uso da palavra como adjetivo, caso, por exemplo, de expressões como tempo recorde: *Concluiu o percurso da maratona carioca em tempo* recorde. Cuidado, portanto, em situações de avaliação. A forma inglesa, ***record***, entretanto, ainda freqüenta com assiduidade o uso e a mídia. Você pode usá-la, mas em concursos, opte pelo **recorde**, substantivo. Não se esqueça: a língua está em constante mutação, paralela ao organismo social que a criou.

Você diz *rúbrica* ou *rubrica*?

Trata-se, entre outras acepções, da redução de sua assinatura. Você diz **rubrica**? Diz bem, de acordo com o uso formal. A palavra vem do latim *rubrica*, "tinta vermelha com que eram escritos os títulos das leis nos livros de Direito", ensina Antenor Nascentes. Repare que pertence à família de *rubro*. Quando alguém diz a palavra com o acento tônico na antepenúltima sílaba, está cometendo uma silabada. Não fica bem em você. Nem ao usar o termo, nem ao valer-se de outras palavras em que esse equívoco é comum.

É *ruim*, hein!

A palavra **ruim** tem duas sílabas e é oxítona. Vem de *ruinu*, por sua vez nascido de *ruina*, desmoronamento', palavras do latim vulgar usado na Península Ibérica. O que é **ruim** não tem préstimo, é inútil, prejudicial, malvado, deteriorado, estragado, defeituoso, de má qualidade. E mais: quem come **ruim** no Nordeste, está comendo da banda podre. Use como quiser, mas garanta a pronúncia, apesar da freqüência da tonicidade no *u* no falar carioca: *É* ruim*, hein, seu José?*

Afinal, *xérox* ou *xerox*?

As duas pronúncias continuam vigentes. Trata-se de uma palavra inglesa registrada especificamente para indicar o processo e a máquina peculiares ao processo de reprodução nomeado. É um substantivo feminino: *Uma* xérox *(ou* xerox*) de cada poema é suficiente para a ilustração da conferência. A* xérox *já foi consertada?, perguntou o funcionário da biblioteca.* O uso como adjetivo *(sic)* é também comum: *Por favor, preciso de duas* cópias xérox *para já!* A especificidade da técnica e a sua ampla difusão geraram derivados logo também incorporados ao léxico português: *xerografia, xerografar, xerográfico, xeroxar (/xerocsar/), xerocar.* Estes dois verbos vêm brigando por impor-se, com vantagem acentuadíssima para *xerocar*, talvez em razão da lei do menor esforço, sempre presente na história da língua. *Evite, entretanto,* xerocar *livros: é um crime contra o autor e a indústria brasileira.* As oscilações no uso devem-se, por certo, ao ingresso recente do termo no mercado verbal.

Não vacile na sintaxe

Aspectos sintáticos

A palavra **sintaxe** vem do grego *syntaxis*, 'arranjo, disposição, organização'. É exatamente esse o sentido que mantém em português, como parte da gramática voltada para o estudo das relações das palavras na frase. Nessa direção, envolve, entre outros fatos, acordos de umas com as outras, a chamada *concordância*, a dependência de umas a outras, a conhecida *regência*, a disposição delas na frase, vale dizer, a *colocação*.

A **concordância** implica a adaptação de um termo às variações de outro. Leva, de um lado, os adjetivos, os pronomes adjetivos, os numerais com valor de adjetivo, os artigos a acompanharem os substantivos a que se ligam; de outro lado, conduzem os verbos a concordarem com os termos a que se referem. Trata-se de uma área bastante matizada.

A **regência** envolve nomes (*regência nominal*) e verbos (*regência verbal*), estes em maior número. Esta última pode conduzir ou não à mudança de sentido do verbo. Dois exemplos: determinado assunto pode interessá-**lo** ou pode interessar-**lhe** que continua sendo do seu interesse; já se você **aspira a** um emprego, está dizendo que o deseja; mas se simplesmente **aspira o** delicioso cheiro que vem da cozinha, está apenas sorvendo aquele odor.

A **colocação** abrange a ordem das palavras nas orações e das orações nos períodos. Para sua orientação: de acordo com a tradição gramatical, *oração* é a frase centrada num verbo; por *período* entende-se a oração ou o conjunto de orações que termina numa pausa bem definida, quando enunciados. Essa pausa é marcada, na escrita, por um ponto, ponto de exclamação, ponto de interrogação, reticências ou dois-pontos.

Na seqüência, são destacados alguns fatos que, na área sintática, costumam provocar hesitações.

Cuidado quando servir *à mesa*

Não se esqueça do acento grave; sem ele, além de ser uma atitude surrealista, vai ser difícil digerir o que você está servindo. A propósito: cuidado com a regência desse verbo. É que *servir*, com a acepção de "prestar um serviço", pede complemento diretamente ligado a ele: *Deixe que eu* a sirva, *por favor. Você está sempre pronto* a servir os outros. *Vovó, eu gosto tanto de* servi-la! *O jovem idealista* servia *com entusiasmo* a comunidade. Com o sentido de 'ser útil', 'convir', exige complemento indireto: *Esse rapaz não* lhe serve, *minha filha!* Quando significa 'dar, oferecer, ofertar' pede complemento direto de coisa e indireto de pessoa: *Vovó, vou* servir-lhe um chá. *Não* me sirva biscoitos, *por favor.* Na acepção de 'abastecer', pede complemento direto de pessoa e indireto de coisa: *O amigo* serviu-o dos recursos necessários ao transplante de coração.

A nível de divide opiniões

Alguns estudiosos condenam a expressão, talvez por tratar-se de um galicismo, quando usada com o significado de 'em termos de'; **ao nível de**, **no nível de**, entretanto, são consideradas adequadas ao registro formal quando significam *à mesma altura de, no mesmo plano de*: *A maré cheia levou as águas de Copacabana* ao nível das *calçadas da rua. Agindo assim, você desce* ao nível dos *seus detratores. O custo de vida chegara* ao nível do *insuportável: em termos de economia doméstica era assustador.* Especialistas, como o saudoso lingüista e filólogo Sílvio Elia, entendem, ao contrário, que **a nível de**, com o sentido indicado, é tão aceitável quanto os demais, como no exemplo dado por ele: *"Esta é uma questão a ser resolvida* a nível de *chefes de Estado."* Está lá, no artigo "Linguagem Jornalística — 6" (Publicado em *Na ponta da língua 2*). A condição de galicismo efetivamente não é bastante para a condenação apontada, na medida em que a expressão se impõe ao uso. A opção é sua, como usuário da língua.

A par **não é** ***ao par***

A par é junto, ao lado um do outro, ao mesmo tempo. Tem como sinônimos **a par e par, par a par, par e par**. *Os namorados seguiam* a par *pela estrada deserta.* **Ao par** é expressão peculiar à terminologia financeira: indica que um papel ou uma moeda tem valor de venda igual ao valor nominal: *A adoção do real deixou o câmbio quase* ao par. *Com a privatização, as ações da empresa chegaram* ao par. Mas uma pessoa bem informada pode estar **a par de**: *Todos estavam* a par das *mudanças na educação.*

Abdicar traz problemas?

Não no plano da regência. Do verbo, é óbvio. **Abdicar** quer dizer abrir mão de um direito, de um poder, de um título, ou, se você preferir, significa renunciar a qualquer dessas vantagens. Você pode *abdicar um direito, abdicar de um direito*, ou, simplesmente, *abdicar*. Ou seja, o verbo pode ser usado com ou sem complemento, sem prejuízo do significado: *Forçado pelo amor da plebéia, o herdeiro do trono* abdicou*; a jovem noiva, por seu turno,* abdicou *o seu título de Miss Universo.*

Não *acuse recebimento*: comunique que recebeu

Se quiser estar bem com o uso formal. A expressão é adaptação do francês *accuser réception* e admite sucedâneos brasileiros. É mais nosso dizer *recebi sua carta, recebi o documento que me enviou.*

Casas ainda se *alugam*?

Sim. **Alugam-se**. É a construção adequada ao uso formal. *Casas* está funcionando como *sujeito*, logo o *verbo* fica no plural. Trata-se de um caso de voz passiva, ou seja, a construção indica que o agente sofre a ação expressa pelo verbo, indicada através do *se*, por isso mesmo pronome apassivador. Pela mesma razão, *vendem-se imóveis, compram-se livros, fazem-se molduras.* Cuidado, entretanto, quando o verbo estiver no infinitivo: nessa situação, o registro formal continua a exigir a concordância, mas vem sendo aceitável, por força da freqüência do uso, o verbo no singular: *Casas como aquelas não é para se* alugarem *(ou se* alugar*) tão cedo.* Diante de locução verbal, é preciso garantir a concordância normal: *Os corretores de imóveis costumam reunir-se no domingo.* A freqüência da construção com o verbo no singular — *Aluga-se casas* — poderá conduzir a uma reformulação de critérios.

Foste tu quem *arrumaste* a casa ou quem a *arrumou*?

A primeira construção freqüenta autores do passado. A mais usual estabelece o acordo do verbo com o pronome *quem*, portanto com a terceira pessoa: *Foste tu quem* arrumou *a casa?* Na dúvida, existe a opção por você: *Foi você quem* arrumou *a casa?* É com você.

Até mim ou *até eu*?

Ainda uma vez, depende. Até, na sua condição de palavra de relação que aponta limite de movimento, normalmente pede pronome oblíquo tônico: *Vinde* até mim*, amiga; há tanto tempo te espero!* Neste caso, é uma *preposição.* Mas se *até,* esvaziada de seu caráter de preposição, indica *inclusão*, tem o sentido de mesmo, de também, usa-se o pronome reto: *Todos aguardavam ansiosos o pagamento das conferências,* até eu!

Quem *atinge, atinge a*?

Se assim o desejar. Você pode, dentro do uso formal, **atingir os** *seus objetivos* ou **atingir aos** *seus objetivos.* O verbo admite as duas construções, com o seu sentido de chegar lá, conseguir o que se almeja. A regência é um espaço bastante dinâmico na vida da língua.

Cada qual com seu aposto; e o acordo com o verbo?

Depende da posição e vale também para **cada um**. Se o verbo vem depois da expressão, é com ela que concorda: *o noivo e a noiva,* cada qual trazia *um adereço de brilhantes.* Se o verbo vem antes, vai, normalmente, para o plural: *ninguém acreditava que* trouxessem *o noivo* e *a noiva,* cada qual *seu adereço.*

Certo de que ou *certo que?*

Use a primeira construção, para estar em paz com o registro formal. *Esteja* certo de que *a língua lhe agradece.* A omissão do *de*, em construções desse tipo, na fala coloquial, decorre da presença de duas palavras de ligação: a lei do menor esforço leva naturalmente à omissão de uma delas. Mas registro formal é registro formal.

Conhecer e jogar no estádio?

O equívoco está na regência: **você conhece o estádio**, porque o verbo **conhecer**, com essa acepção, pede complemento direto; e **joga no estádio**, porque simplesmente não pode *jogar o estádio*. Logo você pode *conhecer o estádio e jogar nele*: é o que exige o uso formal. Da mesma forma, *não entre e saia do estádio*: *entre no estádio e saia dele*. Faz sentido.

Com nós, com vós: o uso formal referenda?

Tranqüilamente, se as locuções vierem acompanhadas de *numerais*, de *mesmos, próprios, outros, todos*: Com nós quatro *nessa equipe* e com vós outros *no apoio técnico, ninguém nos tira esse campeonato, disse o erudito artilheiro*. E com nós mesmas *que o senhor trata do contrato*, com nós *próprias*. *O presidente disse que conta* com nós todos. Com todos nós, *tudo bem. E* com vós outros, *senhores membros do egrégio Conselho Comunitário?*

Consta de, ou *consta em*

É o que o registro formal recomenda: *Estava realizada: seu nome* constava do *(ou* no*) processo que garantiu o pagamento do FGTS*. A primeira construção, entretanto, é mais usual. A propósito: *constar*, nesse caso, significa, como se percebe, 'fazer parte, estar incluído', uma de suas várias acepções, entre elas, 'passar por verdadeiro ou certo', sentido que o torna impessoal.

De 8 às 12 horas ou *das 8 às 12 horas*?

Tanto faz. Ainda que alguns gramáticos prefiram a construção com a presença plena do artigo: *O expediente da Secretaria de Educação vai* das *8* às *16 horas (ou* de *8* às *16 horas)*. Observe que a ausência do acento grave, nos dois exemplos, gera ambigüidade: *'De 8 a 16 horas'* pode ser entendido como tempo parcial ou total de interdição, dentro desses limites: Já *'de 8 às 16 horas'* não deixa margem a dúvidas. Você pode, portanto, chegar a uma festa, marcada para as 22 horas, perto *das* 23 horas ou perto *de* 23 horas, e justificar-se com a demora de sua acompanhante que, por força do temporal que se estendeu forte *das* 19 *às* 22 horas, ou *de* 19 *às* 22 horas, ela só chegou à sua casa depois *das* 22 horas.

De encontro a, ao encontro de

Use com precisão e segurança: *Se seu carro for* de encontro a *outro,* você, certamente, não irá, naquele instante, **ao encontro** de ninguém. **De encontro a** encerra a idéia de oposição, de ir contra: *A restrição do crédito ia* de encontro às *expectativas dos agricultores. Sua opinião vai* de encontro ao *que penso. O ônibus foi* de encontro à *entrada do edifício.* **Ao encontro de** quer dizer a favor de, em direção a: *A decisão do governo vinha* ao encontro das *solicitações dos sem-teto. Os estudantes seguiam* ao encontro do *velho professor, para homenageá-lo.*

De forma que, de maneira que, de modo que

Sem *s*, por favor. E não use nenhum *a* antes do *que*: *Cuida do presente,* de forma que *não te arrependas no futuro. Sabia respirar,* de modo que *não tinha dificuldades na maratona. Lia muito,* de maneira que *era um excelente companheiro de conversa.* São as formas que a história e o uso da língua consagraram. Cuidado: essas expressões têm concorrentes, de influência francesa: ***de forma a, de maneira a, de modo a***: *Sentou-se à mesa* de forma a *ter uma visão de toda a sala.* Repare que são acompanhadas de verbo no infinitivo. Vários estudiosos consideram-nas galicismos desnecessários, apesar da freqüência com que são utilizadas. A escolha é sua, sempre com a precaução de evitá-las, por discutíveis, em concursos ou situações similares.

o *dequeísmo*, uma sintaxe nova?

O termo **dequeísmo** designa o fato gramatical que consiste na presença da preposição *de* como palavra de ligação entre o verbo e seu complemento, associada à conjunção *que*, notadamente com os verbos *reconhecer* e *crer*, e, por extensão, em alguns outros, como, por exemplo, *concluir* e *dizer*: *Reconhecemos* de que *a nossa proposta exigirá sacrifícios. Creio* de que *todos compreenderão que a medida se impõe, por absolutamente necessária. Embora muitos possam concluir* de que *nos apressamos.* A construção vem-se apresentando no espanhol e no nosso português, por influência do idioma de Cervantes, e tem merecido estudos de gramáticos e filólogos, mais entre espanhóis do que entre brasileiros e portugueses. Entre nós, Evanildo Bechara tem dedicado algumas reflexões ao assunto. Em que pese a sua freqüência na nossa fala coloquial, o registro formal ainda a rejeita, com fortes índices de coerção social, fato que recomenda evitá-la nos espaços de tal uso. Fique com a construção tradicional, mesmo porque o dequeísmo junta dois termos de significação interna ou gramatical. Prefira, portanto, continuar dizendo *creio que* e *reconheço que.*

Devido a: construa assim

E nunca *devido o.* Devido ao *temporal, fiquei retido no centro da cidade.* Devido a *seus caprichos, vou deixar sua vida. Ficou desempregado,* devido à *crise.* É claro que, nesse caso, estamos diante de uma *locução prepositiva*, portanto invariável. Nessa condição, não se considera recomendável a associação da locução a uma oração centrada no infinitivo, como, por exemplo: *Devido* ao trânsito estar *tumultuado, deixou de ir ao casamento.* Mude-se para outros arranjos, como: *Porque o trânsito estava tumultuado, deixou de ir ao casamento,* ou *Deixou de ir ao casamento porque o trânsito estava tumultuado.* Por outro lado, se o termo **devido** funciona como adjetivo ou como particípio, a frase muda de configuração, e ele admite flexões de gênero e número: *As conseqüências* devidas às *chuvas foram gravíssimas. Sua decepção foi* devida ao *seu mau desempenho.* Em tempo: uma *locução prepositiva* se faz de vários termos com valor de preposição, ou seja, da classe de palavras de ligação que se juntam a substantivos, adjetivos, verbos, advérbios e a orações para assinalar as relações gramaticais que desempenham no discurso.

Do ponto de vista é válido

Use, sem medo. O *de* está indicando origem: a partir do lugar de onde alguém observa alguma coisa e, por extensão, do ângulo, da visão pessoal: Do *meu* ponto de vista, *você tem toda a liberdade de expressar sua opinião.* Do ponto de vista *estético, o livro era um equívoco, apesar de mais vendido da semana.* (Evite *sob o ponto de vista*: não se recomenda, até por força do que indica a preposição *sob*.)

o *dom* e a *dádiva*

Dom, com maiúscula, é forma de tratamento, reservada a reis, príncipes e outros nobres e a dignitários da Igreja Católica. Vem do latim *dominu*, 'senhor'. Antecede sempre o nome de batismo: Dom *João VI chegou ao Brasil em 1808. A multidão entusiasmada saudou o arcebispo* Dom *Helder Câmara.* O **dom** sinônimo de **dádiva**, donativo, dote, qualidade natural, mérito, merecimento, vantagem, virtude, poder, privilégio, é substantivo comum masculino e se origina do latim *donu*: *Ignorávamos de onde lhe vinha aquele* dom *de prever o futuro. O escritor deixara um único* dom *aos filhos: a sensibilidade diante da arte. A arte do canto é fruto de* dom, *técnica, disciplina.*

Durante o tempo pede *em*

É a construção fixada pela tradição: Durante o tempo em *que estive casado, aprendi muito sobre mim mesmo.* Não use sem a preposição, sob pena de ferir o registro formal.

É meio-dia, é meio-dia e meia

As construções atendem às exigências do registro formal. Trata-se de uma oração com o verbo *ser* impessoal. Nesse caso, o verbo acompanha o número de horas. *Meia* é redução de meia hora. Em tempo: se você disser *é meio-dia e meio* estará informando que o relógio indica que já é meia-noite (meio-dia + meio dia). Fora do registro formal, é, entretanto, normalmente empregada, no uso descontraído do português do Brasil. E se o verbo *ser* assim se comporta, o caso de *uma hora e meia* também o leva para o singular: *é uma hora e meia*. Se o número de horas é outro, o verbo vai para o plural. *São duas horas. Eram dez horas da manhã*. Se o verbo é que for outro e o relógio entrar nessa dança das horas, é com este último que se faz o acordo. *O relógio da praça deu duas horas*. Atenção nas abreviaturas: É 1h30, seriam 4h30, sem a presença de ponto e sem o *s* depois do *h*.

É proibido a passagem?

A frase é inadequada. A não ser que *não se use o artigo*: É proibido *passagem*. A presença do artigo exige a concordância do adjetivo: É proibida a *passagem*. *Não é* proibido o *uso da máqui-*

na de calcular. Mas é proibido *proibir: proibir* é, nesse caso, sujeito da oração, e *é* um verbo; quando isso acontece, o adjetivo fica no masculino.

É que ajuda a convencer

É que, quando situada entre o sujeito da oração e o verbo que a ele se refere, na condição de palavra ou expressão dita denotativa ou de realce, e é invariável: *Eu* é que *não creio em promessa de namorado! Ele* é que *não acredita em você. Nós* é que *fazemos de conta que você vai-se casar em breve.* Repare que a sua supressão apenas retira da frase a intensificação do que se quer comunicar: *Eu não creio em promessas de namorado. Ele não acredita em você. Nós não acreditamos que você vai-se casar em breve.* Não confunda essa locução com encontros do *é* com o *que* de outra natureza, como acontece em construções como: a) *A verdade* é que *você confia demais em promessas,* onde o *que* é uma conjunção que introduz a oração que explicita a verdade anunciada; b) — *Por que você me diz isso?* — É que *eu acompanho sua vida há muito tempo* — caso em que o *é* está representando o verbo dizer (*digo*) e o *que* tem valor de *porque:* digo porque *eu acompanho a sua vida há muito tempo; c) Esta conversa* é que *tivemos no ano passado* — onde **é que** corresponde a *a que: Esta conversa é* a que *tivemos no ano passado.* Quer saber mais? Consulte as gramáticas de Evanildo Bechara, Celso Cunha e Rocha Lima, entre outras.

Eis o homem, *eis que* ele surge

Eis é uma daquelas palavras da língua de classificação gramatical à parte, lembra-se? É uma *palavra de designação,* aliás a única. Exige, como se percebe, complementação, como se fosse um verbo, e aparece também na locução **eis senão quando**, que significa subitamente, quando menos se esperava: Eis *o homem,* eis *a mulher,* eis *a síntese do mundo.* Eis senão quando *sua vida transformou-se. Meu poema,* eis que *ouço a vida pedindo o verso.* Eis *que comprarás um bilhete e ganharás o primeiro prêmio, e toda a sua vida mudará.* Eis que *o real dará certo e o país deixará, finalmente, a tradicional beira do abismo, clamava, otimista, o político entusiasmado.* Cuidado com o pronome enclítico! Diante de O, A, OS, AS o *s* do *eis* cede lugar ao *l,* por assimilação, como acontece com os verbos, lembra-se? Ei-la que *desponta na avenida, fulgurante na* *efusão do azul e branco das baianas!* Ei-los que *assomam nos longes da História, os heróis esquecidos.* Não use nunca *eis que* com valor causal, como sinônimo de *porque*, certo? O registro formal agradece antecipadamente.

Em meio a **ou** ***em meio de*?**

O uso privilegia a primeira construção, mas sem prejuízo da segunda. Em meio a *tantas controvérsias, adiou-se a aprovação do novo acordo ortográfico.* Em meio a *aplausos e gritos delirantes da multidão de fãs, o conjunto de música pop superou-se na apresentação.* Em meio da *grande confusão, uma voz sobrepôs-se, isolada: — Maravilha!*

Em que pese **ainda se usa**

Com elegância. E com alternância da tradicional pronúncia fechada e aberta do *e* tônico. Mesmo em autores do Modernismo. E exige, na tradição culta, a presença do *a*: Em que pese aos *senhores membros do egrégio Conselho, retiro a moção de apoio.* Em que pese aos *meus amigos, vou casar de novo. Continuarei fumando meus charutos,* em que pese à *oposição de todos os narizes amigos.* A pluralização do verbo é que divide os gramáticos. Alguns entendem que não se deve converter o complemento regido pelo *a* em sujeito, o que freqüentemente acontece quando o sujeito é *nome de coisa*, e levar o verbo para o plural: Em que pesem as *opiniões dos senhores conselheiros, mantenho a minha decisão: continuarei fumando meus charutos,* em que pesem *os protestos dos narizes amigos.* Não sendo coisa, empregue-se sempre *em que pese a.* Na dúvida, construa sua frase com *apesar de, não obstante* e similares: Apesar da *opinião dos senhores conselheiros, mantenho minha decisão: continuarei fumando meus charutos,* não obstante *o protesto dos narizes e a destruição gradativa dos meus pulmões.*

***Em rigor, a rigor*: use uma ou outra**

Em que pese aos que consideram a expressão **a rigor** um galicismo e insistam na prevalência da primeira. Seu emprego, entretanto, já está sedimentado pela freqüência do uso, mesmo por notáveis especialistas nos estudos do idioma: tanto rigor acaba próximo do chauvinismo. Ambas são locuções adverbais e significam a mesma coisa — na verdade, rigorosamente: *Certas proposições,* a rigor, *não conseguem impor-se. A questão,* a rigor, *não tem tanta relevância.*

Em todo o caso: o artigo é facultativo

A expressão encerra uma idéia de concessão; equivale a *não obstante, apesar de tudo, seja como for.* Você se lembra do uso do *todo*? Quando significa *qualquer,* o artigo é facultativo. Essa é a idéia que permanece na expressão: *em qualquer caso.* Logo se pode usar **em todo o caso** e **em todo caso:** *Choveu, o concerto foi adiado;* em todo o caso *(ou* em todo caso*), valeu jantar em sua companhia.*

Enquanto que é usual, mas...

Contraria o rigor do uso formal, da mesma forma que *embora que, mal que.* Dispense o segundo termo: *João trabalhava,* enquanto *Maria cuidava do lar.* Mal *João chegava, Maria servia o jantar.*

Entre si, entre eles

Cuidado: se a frase encerra a idéia de *reciprocidade,* use o pronome *si*: *os funcionários trocaram presentes entre* si. Caso contrário, empregue **entre eles**: *O diretor dirigiu-se aos funcionários e percebeu que,* entre eles, *muitos estavam insatisfeitos.* É o que reza a tradição gramatical.

Equações: de duas incógnitas

É a forma vernácula. Se você usar a preposição *a* antes do número de incógnitas, estará incorrendo num estrangeirismo ainda não aceito pelos guardiães do uso formal: *Todo o problema se reduzia a uma* equação de duas incógnitas, *disse o economista entusiasmado.*

Era perto de seis horas, eram perto de seis horas

Na frase **eram perto de seis horas**, há a concordância com o número de horas, idéia contida no núcleo do adjunto que indica tempo, *perto de seis horas.* Em **era perto de seis horas,** o verbo permanece na terceira pessoa do singular: ele não tem sujeito, nesse tipo de construção.

Aqui também a escolha é sua: as duas construções são legítimas. É claro que se o número indica unidade, o verbo fica sempre no singular: *Era perto de uma hora. Era perto de meio-dia.*

Era uma vez tem uma boa história

E antiga. É, por tradição, forma fixa com que se iniciam narrativas de caráter popular e folclórico. Da literatura popular, passou a ser aproveitada por vários escritores: Era uma vez *um pobre homem que havia perdido a infância.* Era uma vez *três porquinhos e um lobo faminto e traiçoeiro.* Era uma vez *duas jovens num apartamento da Avenida Atlântica.* Se você quiser, divirta-se e construa uma história a partir de um desses começos.

Você pode *esquecer de alguém*?

Sim. Mas, de acordo com o registro formal, avalizado pela tradição gramatical, em termos. O verbo *esquecer* abre-se, tradicionalmente, a três regências consagradas.
Você pode:

a) *Esquecer alguém*, ou *alguma coisa*, vale dizer, tirar alguém da memória, momentânea ou definitivamente: Esqueci *a amada do meu coração. Para sempre. Mas não* esqueci *as amargas palavras que me dirigiu.*
b) *Esquecer-se de* alguém, ou *de alguma coisa*, com o mesmo sentido: Esqueci-me de *você, ao fazer a relação dos convidados para o meu casamento. Sem problema: eu também* me esqueci do *carro com que pensei presentear o casal.*
c) *Esquecer-se alguém*, ou *alguma coisa*, como escreveu Machado de Assis: *"A legenda ficou, mas a lição* esqueceu-me.*"*

Essa última construção, pouco freqüente no nosso uso comum, resulta do que se chama um cruzamento sintático; vale outro exemplo machadiano, citadíssimo: "N*unca me* esqueceu *do seminário."* Resulta, como você vê, do cruzamento de *nunca me esqueci do seminário* com *nunca me esqueceu o seminário.*

Como se vê, *esqueceram de mim* não entra nesse conjunto. É, no entanto, freqüentíssima no uso coloquial dos brasileiros. Gramáticos renomadíssimos, como os saudosos Celso Cunha e Rocha Lima, a justificam, desde que o complemento seja um infinitivo: esqueceram *de comunicar a mudança do endereço.*

A construção, mesmo em outros casos, freqüenta, vez por outra, o texto literário.

Use-a, mas se estiver diante do rigor da avaliação do registro formal, prefira as formas tranqüilamente aceitas: *os destinatários* esqueceram-se de *comunicar a mudança do endereço.*

Este, *esse* e *aquele*

O uso dos demonstrativos é carregado de sutilezas. **Este** e suas flexões indicam proximidade da primeira pessoa do discurso, **esse** e suas variações, proximidade da segunda, **aquele** e flexões, distância de ambas. Se você se refere, por exemplo, numa conversa, à camisa que está usando, deve dizer *esta camisa*; se quer indicar a que o seu interlocutor exibe, dirá *essa camisa*; já numa loja, na hipótese de escolher uma peça pendurada num cabide distante, o pronome indicado será **aquela.** É o que preconiza o uso formal, ainda que seja freqüente, no português brasileiro, a confusão dos dois primeiros. Para maior segurança é melhor deixar bem explícito o que deseja comunicar, para não se apropriar de camisa alheia: *Esta camisa que tenho nas mãos é sua?*

Exceto exige preposição? Quando?

Exceto é mais uma daquelas palavras de classificação à parte. Denota exclusão. Normalmente exige pronome reto: *Todos viajaram,* exceto *eu.* Quando integra complemento indireto leva à repetição da palavra de ligação que o introduz: *O chefe tratou do novo horário* com *todos os funcionários,* exceto com *o vigia. Era querida* de *todos,* exceto da *prima.*

Faça jus exige o *a*

É o que manda o bom uso do idioma. Significa tratar de merecer, ser merecedor de: Fazia jus aos *elogios: era realmente belíssima e inteligentíssima. O pai reclamava: você não* faz jus ao *prato que come! Doutor Professor:* fez jus ao *título.*

Fale alto e bom som

Sem a preposição *em* antes do *alto*, se me faz o favor. É assim que se fala, em voz alta, articulada, para efetivamente ser escutado: Fale alto e bom som *de seus direitos*. Declare alto e bom som *todas as suas reivindicações*.

Fale ao telefone

E não *no* telefone, como querem alguns. A preposição *a* é mais precisa, no caso: *O amigo aposentado* falando ao telefone *mandou me avisar que em Copacabana inauguraram um teatro e que é bom ir lá. Alô!*

Se for inevitável, *falte ao* ou *com o respeito a*

O gesto não se recomenda, mas se for inevitável, pelo menos assegure a adesão ao uso formal e não se esqueça da preposição, que pode ser *a* ou *com*: *Não estou* faltando ao *(ou* com o) respeito ao *senhor, Sr. delegado: eu é que estou sendo desrespeitado nos meus direitos de cidadão! Eu,* faltar com o respeito à *senhora? Imagine! Logo com a senhora...*

Quem chega *há tempo* pode ter chegado *a tempo*?

Depende do compromisso. A forma com o verbo indica *tempo passado*: *cheguei* há tempo *ao auditório.* (Cheguei faz tempo.) A forma com a preposição indica o *momento hábil*: *Cheguei* a tempo *de assistir à conferência do escritor* (em tempo hábil). Agora, se a conferência se realizou antes de você chegar, mesmo tendo chegado há tempo...

Há vinte anos, tudo bem; e *há vinte anos atrás?*

Há vinte anos atrás contraria o uso formal. Considera-se redundante a presença do *atrás.* Deve-se optar por *há vinte anos* ou por *vinte anos atrás.* A construção, entretanto, é bastante expressiva e freqüenta vários textos literários e não literários representativos. Empregue-a, se desejar, exceto, por precaução, em caso de texto de concursos ou similares: Há trinta anos, *eu a vi ainda menina e moça. Hoje a implacabilidade de Cronos deixou as marcas de passagem no seu rosto antigo.*

Haja vista varia?

O verbo pode variar. É concordância aceita e admitida. O que não deve variar é a *vista. Haja visto* não se sustenta, a não ser em relação aos passaportes... A construção com o verbo no singular é mais usual: *Parece que enricou:* haja vista *(ou* hajam vista*) os novos vestidos que vem exibindo.* É claro que, se o que está depois do verbo está no singular, não há como pluralizar, não é verdade? *Haja vista* o seu bom senso.

Já pode reforçar negativa?

Pode. Em associação com *não* ou com *mais*: Já não *se inventam mais deuses como outrora.* Evite-a, entretanto, em caso de avaliações classificatórias: há quem condene.

Mal, bem, bom, mau

Mal e **bem** têm algo em comum: sua classe e seu sentido dependem da frase em que se encontrem. São substantivos: *Meu* bem: *seu* mal *é comentar a vida alheia.* São advérbios: *Por que você fala* mal *de sua ex-mulher? Não lhe fica* bem. **Mal** pode ainda funcionar como conjunção: Mal *chegou da viagem de férias, ligou para a terapeuta (assim que chegou).* Repare: nesses casos, quando é antônimo de **bem**, **mal** escreve-se com *l.* É sempre assim. Mesmo nos compostos: *Era* mal-amada, *era amarga e infeliz. Provocava em todos um grande* mal-estar. Com *u,* **mau** é adjetivo e se opõe a **bom**: *Tinha o* mau *costume de ofender o próximo. O* mau humor *constante revelava-lhe o* mau-caráter.

Ao dar o seu endereço, diga que *mora na* rua

Onde fica a sua casa, é claro. A questão é a preposição. Prefira *em.* É mais adequado do que usar o *a,* com o acento indicador de crase. É o que recomenda o registro formal. Moro na *Rua das Pedras, situada na Zona Sul.*

Morto serve a dois senhores

Lembra-se? É particípio de *morrer* e de *matar. Foi* morto *por uma bala perdida* (verbo *matar). Estava* morto (verbo *morrer), definitivamente.*

Na medida exige *em que*

Mas há quem prefira substituir por *à medida que,* forma consagrada pela tradição da língua e que está na base da construção **na medida em que**. Trata-se de uma questão de política do idioma: a freqüência do uso desta última construção é altamente significativa, seja na linguagem informativa, em suas manifestações faladas e escritas, seja na linguagem literária. Importante, se a opção for esta, é não omitir a preposição: *O salário se diluía,* na medida em que *os dias passavam.* A fidelidade ao uso formal, entretanto, exige o emprego de *à medida que.* Para maior tranqüilidade, você pode valer-se da correspondente *à proporção que.*

Não há contê-lo **é elegante.**

É construção referendada por textos literários representativos conforme exemplifica texto de Euclides da Cunha: *"A boiada arranca. Uma rês se espanta e o contágio, uma descarga nervosa subitânea, transfunde o espanto sobre o rebanho inteiro. (...) E lá se vão:* não há mais contê-los *ou alcançá-los."* Significa: não há possibilidade de evitar, não é possível evitar.

Você já ***não se deu por achado*****?**

Possivelmente sim, talvez sem conhecer a expressão: **não se dar por achado** significa, diante de uma situação, alguém ignorar que é o destinatário da mensagem, fingir que nem é com ele, para deixar despercebida uma solicitação. Acontece com freqüência diante de pedidos de algum dinheiro emprestado...

Não só... mas também **é forma de reforço**

A construção confere ênfase ao processo de adição de termos e de orações. É também válido usar, entre outros, *não somente... mas também, não só, ou não somente... mas ainda, não só, ou não somente... que também*: Não só *a beleza,* mas também *o talento impressionaram os espectadores na estréia da jovem atriz.* Não só *estudo,* mas ainda *trabalho.* Não somente *te aguardo* que ainda *te oferecerei um lauto jantar.* Cuidado, entretanto, com a concordância verbal: no caso de sujeito composto, é mais freqüente o emprego do verbo no plural, como no exemplo acima. Se o sujeito composto vier depois do verbo, pode-se usar este último no singular: *Impressionou os espectadores,* não só *a beleza,* mas *o talento da jovem atriz, na sua estréia. À promoção aspirava* não somente *o diretor,* mas ainda *o superintendente da empresa.*

No momento que é válido?

Só no registro descontraído: *Você chegou* no momento que *(ou* em que*) eu parti.* No registro formal, sobretudo na escrita, use a preposição *em*: *O explosivo detonará* no momento em que *o botão vermelho for acionado.*

O de que eu mais gosto é melhor

A presença da preposição *de* é exigida pelo uso formal. Afinal, quem gosta, gosta *de alguém* ou *de alguma coisa*: O de que eu mais gosto *é de videogame.* A fala descontraída costuma omitir o *de*: O que eu mais gosto é *de videogame.* Isso acontece porque o *de* e o *que* são duas palavras de relação: são normalmente usadas para ligar termos ou orações. A tendência, em construções desse tipo, é eliminar uma delas. É o que acontece também com as preposições *em* e *com* em situação semelhante: no uso descontraído, diz-se, por exemplo, *O que você não pode insistir é nesse argumento ridículo. O que não concordavam os trabalhadores era reduzir salários.* O registro formal exige a presença das preposições. Muito mais simples e direto é evitar a inversão da frase, e optar por *Você não deve insistir* em *argumentos ridículos como esse, por exemplo. O aspecto* com *que os trabalhadores não concordavam era a redução de salários.*

E *os Estados Unidos é* ou *são* um país hegemônico?

Com o nome próprio acompanhado de artigo e no plural, o verbo concorda com ele: vai normalmente para o plural: Os *Estados Unidos* estendem-se *do Atlântico ao Pacífico.* O verbo *ser*, entretanto, admite a concordância com o predicativo: logo o verbo pode ficar também no singular: Os *Estados Unidos* é *ou* são *um grande país.* Quando o nome próprio no plural não tem artigo, o verbo, seja qual for, fica no singular: *Minas Gerais* é *um estado rico de tradições. Caldas Novas* é *quente!* Atenção: se o nome próprio no plural designa obras de arte, o verbo também pode ficar no singular: *"Retirantes", o forte quadro de Portinari,* mobiliza *a emoção do leitor.*

Pague a todos o que deve

Mas sem esquecer-se da preposição *a*. É a seqüência esperada no uso formal: Paguei a *todos a quem devia. Estou em paz comigo mesmo.*

Para eu fazer?

Mim, pronome oblíquo tônico, funciona como complemento e não como sujeito. Logo a construção adequada é **para eu fazer**. Como complemento, você pode usar e abusar de *mim*: *Não sei o que fazer de* mim, *não olhe assim para* mim, *é complicado para* mim *amar você assim, não me é fácil resolver este dilema: tenha pena de* mim!

Parecer e infinitivo: quem vai para o plural?

Depende. Quando se pretende destacar o verbo **parecer**, estamos diante de uma locução verbal, e é com ele que se dá a concordância: *As estrelas* pareciam brilhar *mais nítidas no céu da Cidade Maravilhosa.* Quando se busca a ênfase no verbo que está no infinitivo, estamos diante de duas orações, e é o infinitivo que flexiona: *As estrelas* parecia brilharem *mais nítidas no céu da Cidade Maravilhosa.* Mas cuidado: é a primeira construção que se recomenda. A segunda, com o infinitivo no plural, não é autorizada pela tradição culta. Agora, o que é reprovadíssimo pelo uso formal é a pluralização dos dois verbos, ainda que fruto do que se chama de contaminação sintática: *As estrelas* pareciam brilharem *mais nítidas no céu carioca.* Evite-a, por precaução.

Pesa-me de **ou** ***pesam-me os***

São duas construções legitimadas pelo uso formal. Observe que o verbo tem, no caso, o sentido de provocar arrependimento moral: Pesa-me dos *prejuízos que, involuntariamente, lhe causei. Ou* pesam-me os *prejuízos que, involuntariamente, lhe causei.* Pesa-me de *ter perdido o céu e merecido o inferno ou* pesa-me *ter perdido o céu e merecido o inferno. Espero que não* lhe pese de *haver feito o que fez com seu amigo. Ou, espero que não* lhe pese *haver feito* o *que fez com seu amigo.*

Não ***prefira mais***, ***prefira***, **simplesmente**

Preferir mais uma coisa à outra não se recomenda: o verbo já implica, na sua significação, a intensidade da preferência. **Prefira** uma coisa à outra, sob pena de incorrer num *pleonasmo* nada representativo. Prefira, portanto, sem intensificadores.

Prestar atenção

É a construção adequada ao uso formal: Preste atenção ao *que noticiaram os jornais.* Paralelamente, vem sendo usada com intensidade a preposição *em*: Preste atenção no *que noticiaram os jornais.* Prefira a primeira, em questões de avaliação.

Quando foi **daquele encontro, ou** ***quando*** **daquele encontro**

É construção da maior elegância, você sabia? Está nos clássicos. Corresponde a 'quando ocorreu, quando aconteceu': Quando foi *daquele encontro, eu era jovem, você menina.* Quando foi *da nossa adolescência, de repente nos perdemos. E* quando da *idade plena, que bom que nos reencontramos!* Se gostou, use.

Quem é que **arrumou a casa?**

Independentemente de quem assumiu o encargo, o verbo está concordando de forma legítima, com o pronome **quem**, a que se refere. A expressão **é que** funciona como reforço: observe que ela pode ser retirada, sem prejuízo do sentido da frase: Quem *arrumou a casa?*

Salva a exceção **ou** ***salvo a exceção*?**

A primeira construção é gramaticalmente adequada, porque o primeiro termo é um particípio que ganhou valor de preposição. A forma feminina, entretanto, caiu em desuso, substituída pelo masculino **salvo**: Salvo a exceção *(ou* salvo as exceções*) previstas na lei, todos terão direito ao acesso funcional.*

Sem mim **ou** ***sem eu*?**

Sem mim. A preposição exige a forma de complemento do pronome de primeira pessoa. É a norma do registro formal. No informal descontraído o pronome **eu** costuma aparecer com alguma freqüência. Em função das situações de fala, prefira a primeira.

Tal qual **vão sem conjunção**

E concordam com os termos a que se refiram: *O bebê era* tal qual *o pai. As gêmeas eram* tais qual *a tia. Os seus contos eram* tais quais *seus títulos: péssimos. Minha esperança é* tal qual *a sua.* É o uso formal. Paralelamente, vêm sendo usados sempre no singular, como se correspondessem à conjunção *como*: *As jovens irmãs eram* tal qual *o irmão mais velho.* É uma construção que ainda não está referendada pelos especialistas.

Tão pouco, tampouco: veja quando usar

Tampouco, está no *Aurélio*, é advérbio e quer dizer *também não*: *Não ganhou,* tampouco *levou.* **Tão pouco** mede limites, quantidade: *ganhou* tão pouco, *que não levou. Há uma razão para a volumosa produção do jovem teatrólogo: ele dorme* tão pouco, *que aproveita as madrugadas para produzir.*

Tão-somente: é autorizado?

Sem problemas. Como forma reforçada de *somente*: *Era radical: da literatura brasileira, gostava* tão-somente *dos romances de Machado de Assis. Não se aflija, amor, digo-lhe estas palavras* tão-somente *para não termos problemas no futuro.*

Tenha muito que contar: evite o o para variar

Sabe por quê? Porque o complemento direto do verbo *ter* é, nessa construção, o indefinido *muito*. Tenha *muito o* fica sem sentido, você não acha? Então não use o *o*: *Depois dessa minha estada em Maceió,* tenho muito que contar, *minhas amigas: vale a pena fazer turismo interno! Não* tenho muito que contar: *vi-o, apaixonei-me, casamos: jogo rápido.*

Ter em lugar de *haver*

Ainda é uso descontraído, apesar da freqüência com que se emprega na fala brasileira cotidiana e de sua presença em textos artísticos. Quem de nós ou dentre nós nunca disse, por exemplo, frase como: Tem *certas horas que a gente não agüenta mais!* E quantos de nós, os mais antigos, não cantamos, na infância: *"Nesta rua, nesta rua* tem *um bosque/ que se chama, que se chama solidão/ dentro dele, dentro dele mora um anjo/ que roubou, que roubou meu coração"?* Na música popular, vale lembrar os versos de Vinicius de Moraes e Chico Buarque de Hollanda para a música de Garoto, em "Gente humilde": "Tem *certos dias em que eu penso em minha gente/ e sinto assim todo o meu peito se apertar/ porque parece que acontece de repente/ como um desejo de eu viver/ sem me notar."* E ainda os famosos versos de Carlos Drummond de Andrade:

"No meio do caminho tinha *uma pedra/* tinha *uma pedra no meio do caminho. No meio do caminho* tinha *uma pedra".* Já é tempo de ser referendada pelo uso formal do português brasileiro.

Ter lugar é galicismo?

Nem sempre. Só quando usado como sinônimo de efetuar-se, ocorrer, realizar-se. Não é uso formal dizer ou escrever, portanto, que *O comício do partido* teve lugar *na Praça da Sé.* A construção adequada é *O comício realizou-se na Praça da Sé.* Agora com o sentido de caber, ter sentido, ser oportuno, é uso formal e castiço: *Suas intervenções não* têm lugar, *nesse caso: o português do texto está correto. A rigor também não* tinham lugar *todas as suas observações anteriores.* A expressão **ter lugar** com o significado de efetuar-se, realizar-se, não **tem lugar** no uso formal.

Ter que dizer, ter a dizer: uma ou outra?

Ambas. A primeira é construção consagrada e referendada pela gramática. A segunda já está de tal forma sedimentada que tem seu emprego autorizado. São, portanto, expressões que não se excluem: convivem no idioma, com tranqüilidade. A língua é dinâmica: *Diante daqueles argumentos, o pai não* tinha que dizer: — *Tudo bem; pode ir à Disneylândia, mas veja o que sua mãe* tem a dizer!

Ter que, ter de

Use sem necessidade de diferenças entre desejo **(ter que)** e obrigação **(ter de)**, como se exigia há algum tempo. A não ser que você queira ser fidelíssimo à tradição, ou perceba, num concurso, que essa é a posição da banca examinadora. Mas, mesmo nesse caso, se quiser discordar, caberá recurso fundamentado. Vale, portanto, dizer ou escrever: Temos que *nos reunir,* temos de *nos organizar,* temos que *agir: nossa força é a união.* Um cuidado: não confunda esse *que* com o pronome relativo seu homônimo, presente em frases como *Vou-me embora,* tenho *muito* que *caminhar. Que maravilha! Nada* temos que *fazer hoje!* Observe que *não há nada que dizer* é diferente de *não tenho que dizer nada.* No segundo exemplo, posso usar o *de*: *Não tenho de dizer nada*; no primeiro, o *de* não tem lugar.

***Todas as vezes que*: está perfeito**

Sem necessidade da preposição *em*: Todas as vezes que *viajar, é útil consultar uma agência de viagens.*

***Transir*: um curioso defectivo**

De fato. Seu "defeito": só se conjuga nas formas em que o *s* vem seguido de *i*: *transiu, transia, transido.* Tem várias significações: 'penetrar, repassar': Transia-me *o punhal da desilusão*; 'aterrar, assustar, assombrar': *Era uma noite tão tenebrosa que me* transiu; 'estar ou ficar hirto, gelado, de dor, frio, medo, susto, etc.': Transido *de frio, o pobre homem abrigava-se sob a marquise do luxuoso edifício.*

***Tudo o mais*: não se esqueça do *o*!**

O uso formal referenda **tudo o mais**: Tudo o mais *eram firulas do sentimento.* Tudo o mais *eram apenas saudades do que poderia ter sido.* Tudo o mais *era perda e sofrimento.* O *o* é tão marcante, que a expressão pode dispensar o *tudo*: O mais *era um sorriso leve, a adejar desejos,* o mais *era a véspera do beijo, e de* tudo o mais *que o amor nos permitia.*

***Tudo o que*: fique à vontade**

Para usar ou não usar esse *o* antes do *que*: o uso formal envolve ambas, embora haja quem dê preferência à primeira: *Não tenho* tudo que *amo, mas amo* tudo o que *tenho.* Tudo o que *tenho é teu, Romeu, disse Julietinha.*

***Um mil reais* no cheque dá problema?**

Dá. Em dois casos: se o cheque não tiver fundos e se você escrever esse **um** antes de **mil**. Ficou demonstrado, pela experiência, que é fácil adulterar o *um* manuscrito. Mantenha a precaução: grafe *mil reais, mil e quinhentos reais, mil duzentos e cinqüenta e dois reais.* O *h*, usado durante muito tempo e ainda hoje, para evitar falsificações, contraria as normas ortográficas e não precisa ser utilizado para tal fim, como se pode perceber.

Um milhão e o verbo

Admite as duas concordâncias. Como sujeito, é mais freqüente a construção com o verbo no plural: Um milhão *de pessoas* saudaram *o Papa na sua chegada ao centro da cidade.* Um milhão *de reais não* seriam *suficientes para resolver o problema do livro escolar.* Pode-se também dizer: Um milhão *de pessoas* saudou *Sua Santidade ou* um milhão *de reais não* seria *suficiente.* Atenção, porém, nos **milhões**! Quanto ao verbo, tudo bem: sujeito no plural, verbo no plural. A dúvida pode surgir quando se explicita a que se refere à quantidade. Nesse caso, a concordância se dá com o masculino ou se faz por proximidade: Dois milhões de pessoas *estavam* reunidos *(ou* reunidas*) no Aterro do Flamengo para ver o Papa João Paulo II.* Milhões de medalhas *foram* distribuídas *(ou distribuídos) entre os fiéis.*

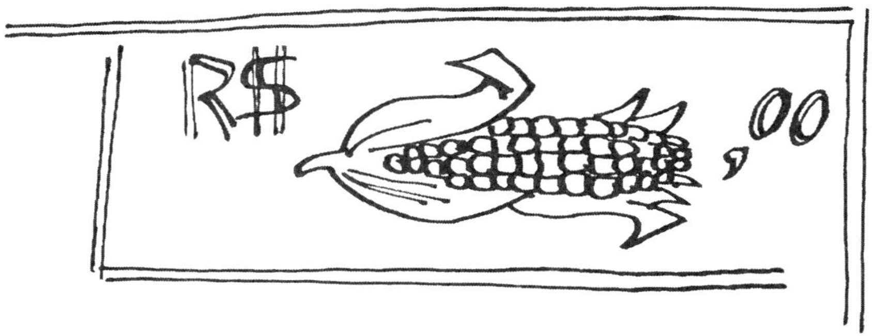

Viaje quarta-feira ou *na quarta-feira*

Tanto faz, em termos da preposição ou de locução prepositiva, facultativas, nessa modalidade de expressão. É válido, portanto, dizer ou escrever: *Chego sábado* ou *chego no sábado. Por (ou hoje) hoje, não uso mais o computador. Viajo daqui a três dias.*

O verbo *vir* e seus compostos

Vir é um verbo irregular. Afasta-se dos modelos da conjugação, por exemplo, o verbo *partir*. Observe o que acontece no presente do indicativo: *venho, vens, vem, vimos, vindes, vêm*. Repare que a irregularidade da primeira pessoa se mantém em todo o presente do subjuntivo: *venha, venhas, venha, venhamos, venhais, venham*. Como o imperativo é formado a partir desses dois tempos, temos *vem tu, venha você, venhamos nós, vinde vós, venham vocês*. A irregularidade da segunda pessoa do singular do pretérito perfeito do indicativo se repete nos demais tempos do grupo. Compare: *vim, vieste, veio, viemos, viestes, vieram; viera, vieras, viera, viéramos, viéreis; vieram; viesse, viesses, viesse, viéssemos, viésseis, viessem; vier, vieres, vier, viermos, vierdes, vierem*. Da família fazem parte *convir, intervir, desavir-se*: *Eles* desavieram-se *com mais raiva ainda. Eu não* intervim *na discussão do casal; você* interveio *e deu no que deu*.

Viva nós, vivamos nós

A primeira construção é a mais usada na expressão falada dos brasileiros. O uso do verbo no singular se aplica pelo valor de interjeição de que se reveste e que pode ser percebido na comparação com *salve*:

"*Salve lindo pendão da esperança, salve símbolo augusto da paz*", está na letra do Hino à Bandeira. É tese de Evanildo Bechara. Outra explicação se liga a uma possível elipse do verbo *dar*, a partir de uma construção como *Demos um viva aos Estados Unidos*, que se teria tornado, pela contração dos dois *as*, *viva os Estados Unidos*, hipótese do saudoso lingüista Sílvio Elia. A segunda expressão freqüenta a linguagem literária. Uma e outra vêm sendo aceitas no mercado verbal.

Volte atrás: não é problema

Desde que você use a expressão com o sentido de alteração de opinião ou de atitude: *Palavra de rei não* voltava atrás, *antigamente. O ministro* voltou atrás, *ao reconhecer a injustiça da proposta salarial. Os jovens* voltaram atrás *e decidiram assumir a conversa de risco: ponto para a terapeuta*. Não **volte atrás** nunca, entretanto, com o sentido de *ir para trás*. Aliás, *voltar para trás* é pleonasmo vicioso. Não volte, nesse caso: retorne à posição ou ao sítio onde antes se encontrava.

Atenção nas flexões

Questões de morfologia

As **flexões** das palavras da nossa língua envolvem, como você já deve ter percebido, o gênero, o número e o grau dos substantivos e adjetivos; o número e o gênero dos artigos e de determinados pronomes e numerais; o modo, o tempo, o aspecto, a pessoa, o número e a voz dos verbos; a gradação de certos advérbios.

Flexão origina-se de *flexione* (*flexio, flexionis*), palavra derivada do supino *flexum*, do verbo *flectere*, que queria dizer 'dobrar, curvar-se, vergar'.

Acompanhe alguns casos, sem se esquecer de que a língua é um sistema articulado, marcado pela integração de elementos fônicos, morfológicos, sintáticos e semânticos.

Fatos morfológicos

Basta ou *bastam*?

Depende do sujeito: *Só uma palavra me* bastaria *e você permanece silenciosa: não escreve, não telefona, não me manda um fax, não aciona a internet! Uma vez só não* basta*; várias vezes* bastariam*?* É claro que, se o sujeito é uma oração, o verbo fica no singular: Basta *que você me mande um fax. Não* basta *detectar os erros: cumpre corrigi-los.* Sua atenção, por favor: quando **basta** se junta ao *de*, para dizer chega, permanece invariável: Basta de *jantares semanais obrigatórios,* basta de *listas imensuráveis de presentes natalinos,* basta de *enxaquecas,* basta de *chantagem emocional: eu vou-me embora!*

Cuidados nunca são *bastantes*

Sobretudo com esse último plural. **Bastante**, como adjetivo, acompanha o substantivo a que se refere, ainda que a pluralização possa provocar algum estranhamento: *Havia na festa salgadinhos* bastantes *para um batalhão. Seus argumentos, pai, não são* bastantes*: caso com Jorginho, é minha última palavra. Há* bastantes *meses aquele namoro incomodava a família.* Como advérbio, também tem uso tranqüilo, na sua condição de intensificador: *A filha foi* bastante *incisiva e clara: casava. O pai ficou* bastante *decepcionado.* Se, por qualquer razão, o adjetivo não lhe soar bem, use *suficiente* em lugar dele; o sentido é o mesmo: *Havia na festa salgadinhos* suficientes *para um batalhão.* É o que espera o uso formal.

Vista as calças, ponha os óculos

Com os substantivos sempre no plural: não é obrigatório, mas é mais recomendável. Vestiu as calças, *esqueceu-se* de pôr os óculos *e saiu sem* colocar a peruca. Nada impede, porém, que você use *uma* calça larga. Mas não deve usar *o* óculos, e sempre *os* óculos, claros, verdes, azuis, ou da cor que você preferir. Aliás, o melhor mesmo seria nunca ter de usá-los. Mas nem tudo é perfeito: nem os **óculos**, nem as **calças**.

Com *a cal*, não se queime

Use sempre com cuidado e no *feminino*. **Cal** é óxido de cálcio, com maior ou menor teor de impurezas. É "uma substância branca, grosseiramente granulada, obtida pela calcinação do carbonato de cálcio e usada em argamassas, na indústria cerâmica, e farmacêutica, na clarificação e na desodorização de óleos. É o nome vulgar do hidróxido de cálcio, resultante da ação da água sobre óxido de cálcio". Eu transcrevo do *Aurélio*, para você. Observou a sutileza? O pó é óxido de cálcio; misturado com a água vira hidróxido. Lembra-se dos elementos mórficos? *Hidro* é água. Daí hidrômetro, hidrografia, hidrográfico. O cuidado se impõe porque **a cal** provoca queimaduras dolorosas ao simples contato.

Ao *cear*, cuidado com o *i*

Cear, comer a ceia, conjuga-se como *frear*. Logo traz um *i* nas formas rizotônicas, ou seja, em que o acento tônico recai no radical: *ceio, ceias, ceia, ceamos, ceais, ceiam; ceia, ceie, ceemos, ceai, ceiem. Em minha casa* ceamos *todos os dias. Tu* ceias? Ceio *todos os domingos.*

Se você *costura*, *cirze* ou *cerze*?

Use a forma com *i*, *cirze*, mantenha o *e* nas arrizotônicas: é o que recomenda o registro formal: *eu cirzo, tu cirzes, ele, ela cirze, nós cerzimos, vós cerzis, eles, elas cirzem*. Por conseqüência, no presente do subjuntivo tem-se *cirza, cirzas, cirza, cirzamos, cirzais, cirzam*. As demais formas são regulares, acompanham o modelo da conjugação, que pode ser o verbo *tomar*, por exemplo. *A sua melhor blusa puiu?* Cirza-a *e continue a usá-la.*

Use *cujo*, com certeza

Ou seja, com valor de *do qual, da qual*, e, no plural, *cujos, cujas, dos quais, das quais*, e sem artigo antes. Repare que esse pronome envolve a idéia de posse e concorda, em gênero e número, com a coisa possuída. Além disso, tem sempre valor de adjetivo: *O homem* cuja *única preocupação é o dinheiro perde muito do que a vida oferece. As revistas para* cujas *redações enviamos matéria concordaram com a publicação. Aquele banco só renova cheque especial de clientes* cujos *cadastros estejam atualizados.* Vale, para a concordância, o critério apoiado na proximidade, no caso de referência a mais de um termo: *Era uma jovem belíssima, em* cujo *rosto e voz se concentraram todas as atenções. A empresa,* cuja *sede e balanço impressionaram os investidores, já existia há mais de dez anos.* Como pronome relativo, **cujo** introduz oração subordinada adjetiva: *Os livros de* cujos *autores trata o jornal já estão nas livrarias. Esse é o jovem* cujo *retrato saiu na televisão.* Cuidado: *não use artigo depois de cujo*: "cujo *o* livro", "cuja *a* moça" são formas que não se sustentam.

Dar à luz exige acento?

Sim; é a forma adequada e referendada pelo uso culto: dar à luz *uma criança.* A construção chega a ser poética, não fosse o desgaste do emprego constante, já que está sempre nascendo alguém: *A jovem apresentadora da televisão* deu à luz *três lindíssimos bebês.* Observe que a expressão pode ser usada sem o complemento direto: *É maravilhoso* dar à luz, *disse a mãe, ao ter a seu lado o primeiro filho.* Pode também ser usada em sentido figurado, nesse caso, curiosamente, com uma figura dando origem a outra: *Desesperado, o publicitário não conseguia* dar à luz *nenhuma sugestão para promover a empresa do cliente.* Observe: **dar à luz** significa parir, ter filho. E cuidado: sem o acento grave, quem *dá a luz* é a empresa responsável pelo fornecimento de energia elétrica, aliás não dá: vende.

Quem vem *de baixo* estava *embaixo*

Baixo só se separa de preposição quando se opõe clara e explicitamente a *cima*, a posição superior, em construções como *de cima a baixo, de alto a baixo, de baixo a cima, de baixo para cima, de baixo para o alto, do alto para baixo*: *Olhou o rapaz* de cima a baixo *e arremessou: — Nojento! Debaixo* situa na posição inferior: *Os manuscritos ficaram* debaixo *dos dicionários.* Na locução prepositiva, usa-se sempre *debaixo* e *embaixo*: Debaixo *desse angu tem caroço.* Embaixo *da beleza do seu gesto, abriguei minha solidariedade. O violão* debaixo *do braço, a inspiração solta, o coração aberto eram a véspera de novas e belas canções.*

De mais a mais não é *demais*

Demais pode ser advérbio, quando significa 'extremamente, excessivamente, em demasia': *Você é bonita* demais, *não coma nem beba* demais*: faz mal à saúde.* Pode ter valor substantivo: *Você está contratada; as* demais *podem retirar-se e voltar ao treinamento.* **De mais** é uma locução: opõe-se a *de menos*: *Não uso açúcar* de mais *nem de menos.* **De mais a mais** significa *além disso: Era um mau-caráter: não compareceu à Vara de Família* e, de mais a mais, *não pagou a pensão devida à ex-mulher. A publicação do seu livro foi adiada por falta de papel,* de mais a mais, *o prefácio precisa ser refeito.*

A *dengue* ou o *dengue*?

Depende. Como sinônimo de dengo, denguice, identificado, conforme o contexto, com comportamento sedutor, ou astucioso, marcado de certa gestualidade, especialmente de representantes do sexo feminino, ou com meiguice, fragilidade, e ainda com manha e choradeira infantis, sempre freqüentou o mercado verbal brasileiro como *masculino*: *É difícil entender os* dengues *dessa menina! Não adianta vir com tantos* dengues*: seu pai está decidido.* Usada para designar a doença infecciosa transmitida pelo mosquito *Aedes aegypti*, a palavra ganhou freqüência acentuadíssima com o caráter epidêmico e a ameaça da enfermidade. Com esse sentido, divide-se entre os dois gêneros. Talvez por originar-se, com os dois significados, do espanhol *dengue*, substantivo masculino, de origem duvidosa: para alguns especialistas seria apenas um vocábulo expressivo, para outros viria do quimbundo *ndenge*, 'recém-nascido, choradeira, manha'. O feminino, entretanto, parece estar prevalecendo. Talvez por tratar-se de *uma* doença, identificada como *a* gripe. O tempo e o uso, se a doença não for erradicada, levarão a uma opção. Por enquanto, siga as instruções das autoridades sanitárias e não dê trégua ao mosquitinho. Sobretudo durante o verão. Mesmo porque, ao que tudo indica, o efeito estufa favorece a sua proliferação.

Desde: sempre inspira cuidados

Principalmente porque rejeita a presença da preposição imediatamente junto dela: Desde *o dia em que eu te vi, nunca mais tive paz e alegria.* Desde a *manhã até a noite só penso em você.* O uso formal condena a construção *desde de manhã*, portanto. **Desde** significa, como dá para perceber, afastamento de um limite determinado, no tempo ou no espaço. E você pode combinar, para indicar distância, **desde** e *a*: Desde a *infância à adolescência há que cuidar da educação.*

Dê-se ao luxo, ou *se dê ao trabalho*

De preferência com a preposição *a* presente. *A irreverente atriz* deu-se ao luxo *de cancelar a entrevista e nem* se deu ao trabalho *de avisar os jornalistas.* Mas a atriz poderia e você também pode, se desejar, **dar-se o luxo** e **dar-se o trabalho**. As duas construções são avalizadas pelo uso formal.

Destarte é coisa antiga, mas pelo sim pelo não...

Use, se achar bonito e se o restante de sua linguagem comportar. Sob pena de parecer um arcaísmo. E saiba que significa 'deste modo, assim sendo, diante disto': *Revolva terra, molhe, adube:* destarte *poderá colher bons frutos.* Um conselho: é melhor guardá-la para um eventual uso literário.

De modo que não tem plural

Nem preposição depois do *que*, cuidado. A expressão é sinônima de 'de maneira que, de forma que'. *Viajaremos durante o carnaval,* de modo que *não vamos desfilar esse ano.*

De vez em quando: cuidado!

Você sabia que tem gente que diz e usa *de vez em quanto*? Não use. Não tem tradição nem amparo na língua. Valha-se de **de vez em quando**. Sempre.

Dia primeiro é o *primeiro dia*

Pode-se usar, como já se usou, *dia um*. Mas **dia primeiro** é mais comum e recomendável. *No* dia primeiro *de janeiro celebra-se a Confraternização Universal: é feriado em todo o mundo.*

Fax: qual é o plural?

Fax. Como o plural de *tórax*. Tanto para designar o aparelho teleimpressor como a mensagem: *Já lhe enviei dez* fax *e ela não me responde! Na comunicação da empresa, valia-se de três* fax, *vinte celulares e dez computadores.* O substantivo é masculino, como se percebe, e é abreviatura de fac-símile, lembra-se?

Você *frige* ovos?

Se o fizer, use a forma verbal adequada. É o que reza a conjugação de *frigir*: *frijo, friges, frige, frigimos, frigis, frigem*, e logo *frija, frijas, frija, frijamos, frijais, frijam*. O significado é cozinhar em substância oleosa, fritar. A origem latina é o verbo *frigere*, que tinha o mesmo sentido da forma atual em português: 'fritar, torrar, assar'.

E o plural de *gol*, companheiro?

É uma questão interessante. **Gol** é forma aportuguesada do inglês *goal*, plural tranqüilo *goals*. Dentro das regras do português, as formas de plural seriam *gois* e *goles*. Compare com *sol/sóis, futebol/futebóis, mal/males*. Só que o uso não as avalizou. Elas não foram incorporadas à fala do brasileiro, que, contrariando a tendência da língua, prefere dizer **gols**. Mesmo incoerente, é o plural adotado pelos falantes e já sedimentado na realidade brasileira. Se o seu estranhamento for muito acentuado, use *tentos*: *O Fluminense venceu o Vasco por dois* tentos *a zero. Houve empate de dois* tentos *entre Corinthians e São Paulo. Vitória de quatro* tentos *a um do Inter sobre o Grêmio.* Convenhamos que não tem a mesma força: **gol** é **gol!** No português europeu, o usual é: golo (singular) e golos (plural).

***Hambúrguer* é mesmo *hambúrgueres*, no plural?**

Aportuguesado, com esse acento gráfico, e de acordo com a regra das palavras terminadas em R: açúcar/açúcares, colher/colheres: *Apesar dos seus seis aninhos, devorou tranqüilamente, em quinze minutos, três* hambúrgueres, *duas porções alentadas de batatas fritas e três garrafas de refrigerante: um recorde!*

***Israelense* é o mesmo que *israelita*?**

Não. **Israelense**, ou *israeliano*, é o natural ou o habitante do *Estado* de Israel, é o que é pertencente ou relativo ao *Estado* de Israel. **Israelita** é o indivíduo do *povo* de Israel, independentemente de onde nasça ou resida, é o que pertence ou é relativo a esse *povo*: *Um* israelita *não* *é necessariamente um* israelense. Israel é o nome dado a Jacó, de quem descende o povo judeu, depois do episódio bíblico em que luta contra o anjo.

***Magro, macérrimo, magríssimo, magérrimo*: exagere na gradação, mas fiel ao superlativo**

O adjetivo **magro** admite essas formas. As duas primeiras referenciadas pelo registro formal. **Magérrimo** é considerada informal e desaconselhável, em termos de rigor. Mas freqüente na boca do povo. De repente se coletiviza, irremediavelmente. E passa a freqüentar as páginas dos jornais. Afinal, vale insistir, é o povo que faz a língua, é a freqüência que faz a coletivização. Conheça mais alguns superlativos usuais.

O dever era amaríssimo *(ou* amarguíssimo*), mas tinha de cumpri-lo.* Amicíssimo *do envolvido no triste acontecimento, não tinha, porém, outra saída. O pior é que era* boníssimo, *ótimo companheiro,* cristianíssimo, credibilíssimo, *e, de repente, se via diante daquela* crudelíssima *missão. Tentaria ser doce,* dulcíssimo, fidelíssimo *ou* fielíssimo *aos seus sentimentos. Estava* ferocíssimo, *entretanto, a verdade dos fatos se impunha. Não adiantaria assumir um discurso* frigidérrimo *(ou* friíssimo*). Acabaria sendo considerado um* grandíssimo *traidor,* infamíssimo, *de personalidade* pequeníssima *(ou* mínima*). Decidiu que seria* personalíssimo *(ou* pessoalíssimo*) na sua decisão. E encontrou uma solução* propriérrima, sapientíssima, superbíssima *e, no fundo,* simplíssima *— excluiu o amigo da seleção de futebol;* preocupadíssimo *com uma compensação, garantiu a sua contratação no clube por mais dois anos, com uma remuneração* prodigalíssima; *sentiu-se* aliviadíssimo.

***Menos bem* e *menos mal*: tudo legal**

Menos, nesse caso, é um advérbio que se refere a outros advérbios. Como tal, não varia: *Depois que mudou de profissão, passou a viver* menos mal, *embora trabalhasse* menos bem.

Número **de casa: cuidado**

Na enumeração de casas, deve-se omitir a palavra número e usar os cardinais: *Casa 2 (dois), Casa 45 (quarenta e cinco).* Quando o numeral vem antes da casa, emprega-se o ordinal: *Segunda casa, quadragésima quinta casa.* O critério é o mesmo para apartamentos, quartos de locais de hospedagem, cabines de trem, de navio, páginas de livros, poltronas de estabelecimentos de diversões e equivalentes: *Sentado na* poltrona 16 *da biblioteca, abriu o livro na* página 5, *onde uma gravura mostrava o* apartamento 29 *do hotel da* Rua 46. *Passou então para a* sexta folha *do volume.*

A *maioria* faz?

Ou fazem. Desde que acompanhada da explicitação introduzida pela preposição *de*: *A* maioria *dos brasileiros* gosta *(ou* gostam*) de futebol.* Se você usa o verbo no singular, destaca o conjunto; se o emprega no plural, dá ênfase aos elementos que constituem a maioria. A ampla concordância é válida para construções similares, como *a maior parte de, parte de, uma porção de, o resto de, a metade de, o grosso de*, e outras.

Nunca jamais **é possível**

É uma forma de reforço: *Adeus! Você não me verá mais,* nunca jamais!

Homem diz muito *obrigado*, a mulher, muito *obrigada*

É apenas uma questão de concordância. **Obrigado**, no caso, é sinônimo de grato, agradecido: *Muito* obrigado *por tudo, mamãe, disse Édipo. Muito* obrigada, *meu querido, não precisava me dar o carro novo agora!*

Outrem é indefinido?

É. Da família de *outro, outra*. Compare com *ninguém*: *Ninguém deve fazer a* outrem *o que não deseja que lhe façam*. Cuidado com a pronúncia: a palavra é paroxítona!

Em caso de *parede-meia*, esqueça o *e* e use o traço

Trata-se de parede divisória situada entre prédios ou cômodos contíguos. É uma palavra composta em que os termos se ligam por traço-de-união. É mais comum no plural: *Resolveu morar* paredes-meias *com a sogra: foi excelente decisão, disse sua mulher.*

Todo *paulista* é *paulistano*?

Não, mas todo **paulistano** é **paulista**. **Paulistano** refere-se à cidade de São Paulo; **paulista** é relativo ao estado de São Paulo, à unidade da Federação, é claro. *Ser* paulista *já é um orgulho; ser* paulistano *é demais!, disse o guia de turismo com entusiasmo.*

Eu *pego*, você *pega*, ele é *pegado*

Se alguém for surpreendido no momento de uma ação, ele foi **pegado** em *flagrante*. A forma **pego**, com *e* fechado ou aberto, não tem, nesse caso, justificativa histórica. Seu uso, bastante difundido, inclusive nos jornais e na televisão, talvez se deva a uma analogia com *pago*: o verbo pagar tem dois particípios: *pago* e *pagado*. A proximidade fonética de *pegar* e *pagar* pode estar na base da confusão. É possível que, mesmo sem história, **pego**, como particípio, acabe se impondo. Por ora, contraria o uso formal.

Precaver-se: todo cuidado é pouco

O verbo tem "defeitos": no presente do indicativo, só apresenta as formas correspondentes à primeira e à segunda pessoas do plural: *nós nos precavemos* e *vós vos precaveis*. Logo, não tem presente do subjuntivo, e, no imperativo, só a segunda do plural: *precavei-vos*. As demais formas são regulares: conjugam-se como temer: *eu me precavi, tu te precaveste, ele se precaveu, nós nos precavemos, vós vos precavestes, eles se precaveram; eu me precavera, tu te precaveras, ele se precavera, nós nos precavêramos, vós vos precavêreis, eles se precaveram; se eu me precavesse, se tu te precavesses, se ele se precavesse, se nós nos precavêssemos, se vós vos precavêsseis, se eles se precavessem; se eu me precaver, se tu te precaveres, se ele se precaver, se nós nos precavermos, se vós vos precaverdes, se eles se precaverem; eu me precaverei, tu te precaverás, ele se precaverá, nós nos precaveremos, vós vos precavereis, eles se precaverão; eu me precaveria, tu te precaverias, ele se precaveria, nós nos precaveríamos, vós vos precaveríeis, eles se precaveriam.* Na dúvida, ou na necessidade de usar o imperativo, por exemplo, valha-se de *acautelar-se.*

Cuidado com o verbo *querer*!

Sobretudo no futuro do subjuntivo: *quiser, quiseres, quiser, quisermos, quiserdes, quiserem: Se você* quiser*, se o nosso salário der, viajaremos ainda neste ano.* Não confunda o futuro com o infinitivo flexionado: *querer, quereres, querer, querermos, quererdes, quererem: Ao* querer *abarcar o mundo com as pernas, o jovem ambicioso deu com os burros nágua.*

Quite ou *quites* é caso de concordância

Trata-se de um dos particípios do verbo *quitar*, pagar dívida, livrar-se de compromisso. Acompanha o número do termo com que concorda: *Estou* quite *com você, paguei tudo o que lhe devia; finalmente estamos* quites; quites *com o fisco, os dois conseguiram finalmente viajar tranqüilos; eram duas pessoas* quites *com a vida.*

Qual o gênero de *soprano*?

Depende. Se designa variedade de voz, usa-se no masculino: O soprano *é a mais aguda, o contralto, a mais grave das vozes femininas.* Se nomeia o dono ou a dona da voz, o gênero obviamente varia: A soprano *roubou a cena na interpretação da Liu, na ópera* Turandot. *Entre os meninos do coro, destacou-se* o soprano, *sobretudo no solo da música natalina.*

Quem nasce em Salvador, na Bahia, é *soteropolitano*, você sabia?

A palavra deriva do grego *Soterópolis*, de *soteros*, 'salvador', + *polis*, cidade.

Corresponde, portanto, a uma helenização do nome da Cidade do Salvador, ou simplesmente, Salvador. Existe também o adjetivo *salvadorense*, mas caiu em desuso.

Vem tu, *venha* você!

São essas as formas do imperativo do verbo **vir**, correspondentes à segunda e à terceira pessoas do singular: **Vem** origina-se da segunda pessoa do presente *vens*, sem o *s*. **Venha** é a mesma forma do presente do subjuntivo. Conjugando: *vem tu, venha você, venhamos nós, vinde vós, venham vocês.* Na frase: Vem*, estão voltando as flores do* teu *jardim*. Ou, mudada a pessoa: Venha*, estão voltando as flores do* seu *jardim.*

Se você *vir* o carro, compra?

Dependerá do preço, é claro, porque a forma verbal, o futuro do subjuntivo do verbo **ver**, está correta. *Não se esqueça, quando vier fechar o negócio, de trazer o talão de cheques ou o cartão de crédito.*

***Viva* os heróis ou *vivam* os heróis?**

As duas formas. Antigamente só se podia dizer *vivam os heróis*: o verbo concordava sempre com o sujeito. Com o uso, a palavra **viva** ganhou o valor de interjeição e pode permanecer no singular. *A língua é* viva, viva *a língua!*

Bibliografia

1. Dicionários

ACADEMIA DAS CIÊNCIAS DE LISBOA. *Dicionário da língua portuguesa contemporânea.* Lisboa: Academia das Ciências de Lisboa; Verbo, 2001. 2v.

BERGO, Vitório. *Pequeno dicionário brasileiro de gramática portuguesa.* Rio de Janeiro: Francisco Alves, 1986.

BUENO, Francisco da Silveira. *Grande dicionário etimológico-prosódico da língua portuguesa.* São Paulo: Saraiva, 1963-1967. 8v.

BORBA, Francisco da Silva (coord.) *Dicionário gramatical de verbos do português contemporâneo do Brasil.* 2ª ed., São Paulo: Fundação Editora da Universidade Estadual Paulista, 1990.

CALDAS AULETE. *Dicionário contemporâneo da língua portuguesa.* Rio de Janeiro: Delta, 1974.

CÂMARA JR., Joaquim Mattoso. *Dicionário de filologia e gramática referente à língua portuguesa.* 2ª ed. rev. Rio de Janeiro: J. Ozon, 1964.

CEGALLA, Domingos Paschoal. *Dicionário de dificuldades da língua portuguesa.* Rio de Janeiro: Nova Fronteira, 1996.

COROMINAS, Joan. *Diccionario crítico etimológico de la lingua castellana.* Madrid, 1954-1957. 4v.

CUNHA, Antônio Geraldo da. *Dicionário etimológico da língua portuguesa.* 2ª ed. Rio de Janeiro: Nova Fronteira, 1991.

DICIONÁRIO HOUAISS DE SINÔNIMOS E ANTÔNIMOS DA LÍNGUA PORTUGUESA. INSTITUTO ANTÔNIO HOUAISS DE LEXICOGRAFIA. Banco de Dados da Língua Portuguesa S/C Ltda. Rio de Janeiro: Objetiva, 2003.

FERNANDES, Francisco. *Dicionário de regimes de substantivos e adjetivos*. Porto Alegre: Globo, 1958.

——. *Dicionário de sinônimos e antônimos da língua portuguesa*. Porto Alegre: Globo, 1957.

——. *Dicionário de verbos e regimes*. 14ª ed. Porto Alegre: Globo, 1955.

HOLANDA, Aurélio Buarque de. *Novo Aurélio Século XXI: o dicionário da língua portuguesa*. 3.ª ed. totalmente revista e ampliada. Rio de Janeiro: Nova Fronteira, 1999.

HOUAISS, Antônio e VILLAR, Mauro de Salles. *Dicionário Houaiss da língua portuguesa*. Elaborado no Instituto Antônio Houaiss de Lexicografia e Banco de Dados da Língua Portuguesa S/C Ltda. Rio de Janeiro: Objetiva, 2001.

KOOGAN, Abraão, HOUAISS, Antônio. *Enciclopédia e dicionário ilustrado*. Rio de Janeiro: Delta, 1993.

LUFT, Celso Pedro. *Dicionário prático de regência nominal*. 3ª ed. São Paulo: Ática, 1998.

MACHADO, José Pedro. *Dicionário etimológico da língua portuguesa*. 2ª ed. Lisboa: Editorial Confluência, 1967. 3v.

MORAIS Silva, Antônio de. *Novo dicionário compacto da língua portuguesa*. Lisboa: Editorial Confluência, s./d.

NASCENTES, Antenor. *Dicionário da língua portuguesa*. Rio de Janeiro: Departamento de Imprensa Nacional, 1961.

——. *Dicionário da língua portuguesa da Academia Brasileira de Letras*. Rio de Janeiro: Bloch, 1988.

——. *Dicionário de sinônimos*. 3ª ed. revista por Olavo Aníbal Nascentes. Rio de Janeiro: Nova Fronteira, 1981.

——. *Dicionário etimológico resumido*. Rio de Janeiro, INL, 1966.

——. *Dicionário etimológico da língua portuguesa.* T.I. Rio de Janeiro: 1932. T.II (Nomes próprios). Rio de Janeiro, 1952.

RABAÇA, Carlos Alberto e BARBOSA, Gustavo. *Dicionário de comunicação.* São Paulo: Ática, 1987.

RODRIGUES, Vera Cristina. *Dicionário de verbos da língua portuguesa.* Rio de Janeiro: Objetiva, 2003.

SACCONI, Luiz Antônio. *Dicionário de pronúncia correta.* São Paulo: Nossa Editora, 1991.

SARAIVA, F. R. dos Santos. *Novíssimo dicionário latino-português.* 10ª ed. Rio de Janeiro: Garnier, 1993.

SILVA, Adalberto Prado *et al. Dicionário brasileiro da língua portuguesa.* São Paulo: Melhoramentos, 1975.

2. Guias ortográficos

ACADEMIA BRASILEIRA DE LETRAS. *Pequeno vocabulário ortográfico da língua portuguesa.* Rio de Janeiro: Imprensa Nacional, 1943.

ACADEMIA BRASILEIRA DE LETRAS. *Pequeno vocabulário ortográfico da língua portuguesa.* Rio de Janeiro: A Academia, 1999.

ACADEMIA BRASILEIRA DE LETRAS. *Vocabulário onomástico da língua portuguesa.* 3ª ed. Rio de Janeiro: A Academia, 1999.

ACADEMIA BRASILEIRA DE LETRAS. *Vocabulário ortográfico da língua portuguesa.* Rio de Janeiro: Bloch, 1981.

ACADEMIA BRASILEIRA DE LETRAS. *Vocabulário ortográfico da língua portuguesa.* 2ª ed. Rio de Janeiro: Imprensa Nacional, 1998.

KURY, Adriano da Gama. *Manual de ortografia.* Rio de Janeiro: Agir, 1968.

LUFT, Celso Pedro. *Novo guia ortográfico.* 5ª ed. Porto Alegre: Globo, 1984.

——. *Grande manual de ortografia Globo.* Porto Alegre: Globo, 1985.

3. Gramáticas

ALI, M. Said. *Gramática histórica da língua portuguesa.* 8ª ed. rev. e ampliada por Mário Eduardo Viaro. São Paulo: Melhoramentos; Brasília: UnB, 2001.

——. *Gramática secundária da língua portuguesa.* Ed. rev. e com. por Evanildo Bechara. São Paulo: Melhoramentos, 1964.

AZEVEDO FILHO, Leodegário A. de. *Por uma gramática estrutural da língua potuguesa.* Rio de Janeiro: Gernasa, 1971.

BECHARA, Evanildo. *Moderna gramática portuguesa.* 37ª ed. rev. e ampl. Rio de Janeiro: Lucerna, 1999.

COUTINHO, Ismael. *Gramática histórica.* 6ª ed. Rio de Janeiro: Acadêmica, 1969.

CUNHA, Celso. *Gramática da língua portuguesa.* Rio de Janeiro: MEC/Fename, 1972.

——. *Gramática do português contemporâneo.* Belo Horizonte: Bernardo Álvares, 1970.

CUNHA, Celso e CINTRA, Luís F. *Nova gramática do português contemporâneo.* Rio de Janeiro: Nova Fronteira, 1985.

DIAS, Epiphanio da Silva. *Gramática portuguesa elementar.* 12ª ed. Lisboa: A. F. Machado, 1905.

KURY, Adriano da Gama. *Gramática fundamental da língua portuguesa do Brasil.* São Paulo: Livros Irradiantes, 1972.

——. *Pequena gramática (para explicação da nova nomenclatura gramatical).* 9ª ed. Rio de Janeiro: Agir, 1964.

KURY, Adriano da Gama e OLIVEIRA, Ubaldo Luiz. *Gramática objetiva.* São Paulo: Atlas, 1986.

LIMA, Carlos Henrique da Rocha. *Gramática normativa da língua portuguesa.* 37ª ed. Rio de Janeiro: J. Olympio, 1999.

LUFT, Celso Pedro. *Moderna gramática brasileira.* 3ª ed. Porto Alegre: Globo, 1979.

MACEDO, Walmírio de. *Gramática da língua portuguesa.* Rio de Janeiro: Presença, 1991.

MACIEL, Maximino. *Gramática descritiva.* Rio de Janeiro: Francisco Alves, 1923.

MATEUS, Maria Helena Mira *et al. Gramática da língua portuguesa.* Coimbra: Almedina, 1983.

MELO, Gladstone Chaves. *Gramática fundamental da língua portuguesa.* 3ª ed. Rio de Janeiro: Ao Livro Técnico, 1978.

PROENÇA FILHO, Domício. *Noções de gramática da língua portuguesa em tom de conversa.* São Paulo: Ed. do Brasil, 2003.

RIBEIRO, Manoel Pinto. *Gramática aplicada da língua portuguesa.* 12ª ed. rev. e ampl. Rio de Janeiro: Metáfora, 2002.

4. Textos teóricos

ALI, M. Said. *Dificuldades da língua portuguesa.* 3ª ed. Rio de Janeiro: Francisco Alves, 1930.

——. *Formação de palavras e sintaxe do português histórico.* São Paulo: Melhoramentos, 1926.

——. *Meios de expressão e alterações semânticas.* 2ª ed. Rio de Janeiro: Simões, 1951.

ALVAR, Manuel. "Hacia los conceptos de lengua, dialecto y habla." In: *Nueva Revista de Filologia Hispánica,* nº XV, 1961, p. 57.

ANAIS DO CONGRESSO BRASILEIRO DE LÍNGUA VERNÁCULA. Rio de Janeiro: Casa de Rui Barbosa, 1949.

ANAIS DO PRIMEIRO CONGRESSO DA LÍNGUA NACIONAL CANTADA. São Paulo: Departamento de Cultura, 1938.

ANAIS DO PRIMEIRO CONGRESSO BRASILEIRO DE LÍNGUA FALADA NO TEATRO. Rio de Janeiro: INL, 1958.

AUTUORI, Luís e GOMES, Oswaldo Proença. *Nos garimpos da linguagem.* 5ª ed. rev. e atual. Rio de Janeiro: Forense, 1963.

AZEREDO, José Carlos. *Fundamentos da gramática do português.* Rio de Janeiro: Jorge Zahar, 2000.

——. *Iniciação à sintaxe do português.* Rio de Janeiro: Jorge Zahar, 1990.

AZEREDO, José Carlos (org.). *Língua portuguesa em debate*. Petrópolis: Vozes, 2000.

AZEVEDO FILHO, Leodegário A. de. *Ensaios de lingüística e filologia*. Rio de Janeiro: Fundação Getúlio Vargas, 1971.

BALDINGER, Kurt. *Teoría semántica. Hacia una semántica moderna*. Madrid: Alcalá, 1970.

BALLY, Charles. *El lenguaje y la vida [Le langage e la vie]*. 3ª ed. Buenos Aires: Losada, 1957.

BARBADINHO NETO, Raimundo. *Sobre a norma literária do Modernismo*. Rio de Janeiro: Ao Livro Técnico, 1977.

——. *Tendências e constâncias da língua do Modernismo*. Rio de Janeiro: Acadêmica, 1972.

BARBOSA, Aloysio Jorge do Rio. "Carioca; iberismo ou paralelismo?", *in*: *Revista da Associação dos Diplomados pela Faculdade de Filosofia Ciências e Letras da Universidade do Distrito Federal*, nº 1. Rio de Janeiro, ago. 1957. p. 3-25.

BARTHES, Roland. *Elementos de semiologia*. São Paulo: Cultrix, 1971.

——. *O grau zero da escritura*. São Paulo: Cultrix/Conselho Estadual de Cultura, 1971.

BEARZOTI FILHO, Paulo. *Sintaxe de colocação: teoria e prática*. São Paulo: Atual, 1990.

BECHARA, Evanildo. *Ensino de gramática. Opressão? Liberdade?* São Paulo: Ática, 1985.

——. org. [*et al.*]. *Na ponta da língua*. vol. 4. Rio de Janeiro: Liceu Literário Português: Lucerna, 2002.

——. org. [*et al.*]. Na ponta da língua. vol. 5. Rio de Janeiro: Liceu Literário Português: Lucerna, 2003.

BELLO, Andrés e CUERVO, Rufino J. *Gramática de la lengua castellana*. Paris, 1903.

BENVENISTE, Émile. *Problemas de lingüística general*. México: Siglo Veintiuno, 1971.

——. *Problèmes de linguistique générale*. Paris: Gallimard, 1967.

BOURDIEU. Pierre. *A economia das trocas lingüísticas. O que falar quer dizer [Ce que parler veut dire: L'économie des échanges linguistiques]*. 2ª ed. São Paulo: Editora da Universidade de São Paulo, 1998.

BRASIL — MINISTÉRIO DA EDUCAÇÃO E DO DESPORTO. Secretaria de Educação Fundamental. *Parâmetros curriculares nacionais*. Terceiro e quarto ciclos do ensino fundamental. Português. Versão preliminar para discussão nacional. Brasília, 1997.

BURKE, Peter e PORTER, Roy (orgs.). *Linguagem, indivíduo e sociedade: história social da linguagem [Language, self, and society: a social history of language]*. São Paulo: Editora da Universidade Estadual Paulista, 1993.

——. *Línguas e jargões: contribuições para uma história social da linguagem*. São Paulo: Editora da Universidade Estadual Paulista, 1997.

BUZZI, Arcângelo. *Introdução ao pensar*. 3ª ed. rev. e aum. Petrópolis: Vozes, 1971.

CALLOU, Dinha e LEITE, Yonne. *Iniciação à fonética e à fonologia*. Rio de Janeiro: Jorge Zahar, 1990.

CÂMARA JR., J. Mattoso. *Para o estudo da fonêmica portuguesa*. Rio de Janeiro: Simões, 1953.

——. *Princípios da lingüística geral*. 2ª ed. Rio de Janeiro: Acadêmica, 1954.

——. *Teoria da análise léxica*. Rio de Janeiro: Acquarone-Cuñarro-Salaberry, 1956.

CARRETER, Fernando-Lázaro. *Dicionário de términos filológicos*. Madrid: Gredos, [1953]

CARVALHO, J. G. Herculano de. *Teoria da linguagem*. Coimbra: Atlântida, 1973/74. 2v.

CASCUDO, Luís da Câmara. *Dicionário do folclore brasileiro*. 6ª ed. Belo Horizonte: Itatiaia; São Paulo: Editora da Universidade de São Paulo, 1988.

CASTILHO, Ataliba Teixeira de. *A língua falada no ensino de português*. 3ª ed. São Paulo: Contexto, 2000.

——. *Introdução ao estudo do aspecto verbal na língua portuguesa*. Marília: Faculdade de Filosofia, Ciências e Letras, 1998.

CAVALIERE, Ricardo. *Fonologia e morfologia na gramática científica brasileira*. Niterói: Editora da Universidade Federal Fluminense, 2000.

CINTRA, Luís F. Lindley. *Sobre "formas de tratamento" na língua portuguesa*. Lisboa: Livros Horizonte, 1972.

COSERIU, Eugenio. *Lecciones de lingüística general*. Madrid: Gredos, 1981.

——. *Sincronía, diacronía e história*. 2ª ed. rev. e corr. Madrid: Gredos, [1973]

——. *Teoria del lenguaje y lingüística general*. Madrid, 1962.

COSTA, Sonia Bastos Borba. *O aspecto em português*. São Paulo: Contexto, 1997.

COUTINHO, Ismael de Lima. *Gramática histórica.* 7ª ed. Rio de Janeiro: Livro Técnico, 1976.

CUNHA, Celso. *A questão da norma culta brasileira.* Rio de Janeiro: Tempo Brasileiro, 1985.

——. *Língua portuguesa e realidade brasileira.* Rio de Janeiro: Tempo Brasileiro, 1968.

——. *Língua portuguesa e realidade brasileira.* 7ª ed. Rio de Janeiro: Tempo Brasileiro, 1977.

——. *Que é um brasileirismo.* Rio de Janeiro: Tempo Brasileiro, 1987.

——. *Uma política do idioma.* Rio de Janeiro: São José, 1964.

DIAS, Augusto Epiphanio da Silva. *Sintaxe histórica da língua portuguesa.* 3ª ed. Lisboa: Livraria Clássica Editora, 1954.

ELIA, Sílvio. *A unidade lingüística do Brasil; condicionamentos geoeconômicos.* Rio de Janeiro: Padrão, 1979.

——. *Ensaios de filologia e lingüística.* 2ª ed. Rio de Janeiro: Grifo/MEC, 1975.

——. *Nova nomenclatura brasileira.* Rio de Janeiro: J. Ozon, 1959.

——. *O problema da língua brasileira.* Rio de Janeiro: MEC-INL, 1961.

——. *Orientações da lingüística moderna.* Rio de Janeiro: Acadêmica, 1955.

ELIA, Sílvio, org. [*et al.*]. *Na ponta da língua.* vol. 1. Rio de Janeiro: Liceu Literário Português: Lucerna, 1998.

ELIA, Sílvio e ELIA, Hamilton. *100 textos errados e corrigidos: de acordo com a nova nomenclatura gramatical brasileira.* 26ª ed. Rio de Janeiro: Francisco Alves, 1979.

DUCROT, Oswald e TODOROV, Tzvetan. *Dictionnaire encyclopédique des sciences du langage.* Paris: Seuil, 1972.

FOLHA DE S. PAULO. *Manual de redação.* 4ª ed. São Paulo: Publifolha, 2001.

FREITAS, Horácio Rolim. *Princípios de morfologia.* 4ª ed. Rio de Janeiro: Oficina do Autor, 1997.

GALVES, Charlotte. *Ensaios sobre as gramáticas do português.* Campinas: Editora da Universidade de Campinas, 2001.

GARCIA, Othon Moacir. *Comunicação em prosa moderna.* 2ª ed. Rio de Janeiro: Fundação Getúlio Vargas, 1969.

GILI Y GAYA, Samuel. *Curso superior de sintaxis española.* 5ª ed. Barcelona: Spes, 1965.

GOTARDELO, Augusto. *O emprego da vírgula.* 2ª ed. Rio de Janeiro: Melhoramentos, 1960.

GRILLO, Nísia de Queiroz (coord.); PEREIRA NETO, Annibal Duarte; ILG, Clarissa de Paula e GUIMARÃES, Suzi Dias. *Histórias da tradição sufi.* Rio de Janeiro: Dervish/Instituto Tarika, 1993.

GUIMARÃES, Eduardo e PUCCINELLI, Eni Orlandi (orgs.). *Língua e cidadania: o português do Brasil.* Campinas: Pontes, 1996.

HAUY, Amini Bouainain. *Da necessidade de uma gramática padrão da língua portuguesa.* São Paulo: Ática, 1983.

HENRIQUES, Cláudio César. *Sintaxe portuguesa para a linguagem culta contemporânea.* Rio de Janeiro: Oficina do Autor, 1997.

HOUAISS, Antônio. *A crise de nossa língua de cultura.* Rio de Janeiro: Tempo Brasileiro, 1983

——. *O português do Brasil.* 3ª ed. São Paulo: Revan, 1992.

——. *Sugestões para uma política do idioma.* Rio de Janeiro: INL, 1960.

JAKOBSON, Roman. *Essais de linguistique générale.* Paris: Minuit, 1966.

——. *Fonema e fonologia.* Rio de Janeiro: Acadêmica, 1967.

——. *Lingüística e comunicação.* 2ª ed. rev. São Paulo: Cultrix, 1969.

KHEDI, Valter. *Formação de palavras em português.* São Paulo: Ática, 1990.

——. *Morfemas do português.* São Paulo: Ática, 1989.

KRISTEVA, Julia. *História da linguagem.* Lisboa: Edições 70, 1969.

KURY, Adriano da Gama. *Lições de análise sintática.* Rio de Janeiro: Fundo de Cultura, 1961.

——. *Ortografia, pontuação, crase.* Rio de Janeiro: Fename, 1982.

——. *Para ler e escrever melhor o português.* Rio de Janeiro: Nova Fronteira, 1989.

——. *Pequena gramática para a explicação da nova nomenclatura gramatical.* 12ª ed. rev. Rio de Janeiro, 1970.

——. *Português básico.* 4ª ed. rev. Rio de Janeiro: Agir, 1961.

LAPA, M. Rodrigues. *Estilística da língua portuguesa.* 6ª ed. Rio de Janeiro: Acadêmica, 1970.

LEDUR, Paulo Flávio e SAMPAULO (Paulo Sampaio). *Os pecados da língua.* Porto Alegre: AGE, 1994-96. 4v.

LESSA, Luís Carlos. *O modernismo brasileiro e a língua portuguesa.* Rio de Janeiro: Fundação Getúlio Vargas, 1966.

LÍNGUA E TEXTO. Revista do Círculo Lingüístico do Rio de Janeiro e da Academia Brasileira de Filologia, nº 1. Rio de Janeiro: Salamandra, s.d.

LLORACH, Emilio Alarcos. *Estudios de gramática funcional del español.* 3ª ed. Madrid: Gredos, 1976.

——. *Gramática de la lengua española.* 4ª ed. Madrid: Espasa-Calpe, 1994.

LUFT, Celso Pedro *et al. A vírgula.* São Paulo: Ática, 1996.

——. *Língua e liberdade.* 6ª ed. São Paulo: Ática, 1998.

——. *Novo manual de português.* nova ed. rev. e atual. Rio de Janeiro: Globo, 1995.

——. *O romance das palavras.* Org. e sup. de Lya Luft. São Paulo: Ática, [s.d.]

MARQUES, Maria Helena. *Iniciação à semântica.* Rio de Janeiro: Zahar, 1991.

MARTINET, André. *Conceitos fundamentais da lingüística.* Lisboa: Presença, 1976.

——. *Elementos de lingüística geral [Éléments de linguistique générale].* Lisboa: Sá da Costa, 1964.

——. *La linguistique.* Paris: Denoël, 1969.

MARTINS, Eduardo (org.). *O Estado de S. Paulo — Manual de Redação e Estilo.* São Paulo: O Estado de S. Paulo, 1990.

MELO, Gladstone Chaves *et al. Na ponta da língua.* vol. 1. Rio de Janeiro: Liceu Literário Português: Lucerna, 2000.

——. *Na ponta da língua.* vol. 3. 2ª ed. Rio de Janeiro: Liceu Literário Português: Lucerna, 2002.

MINISTÉRIO DA EDUCAÇÃO E CULTURA. CADES. *Nomenclatura gramatical brasileira.* Rio de Janeiro, 1959.

NASCENTES, Antenor. *Nomenclatura gramatical brasileira.* 3ª ed. rev. Rio de Janeiro: Acadêmica, 1959.

——. *O idioma nacional.* 3ª ed. Rio de Janeiro, Acadêmica, 1960.

——. *O linguajar carioca.* 2ª ed. rev. Rio de Janeiro: Simões, 1953.

——. *O problema da regência.* 2ª ed. Rio de Janeiro: Freitas Bastos, 1960.

NEVES, Maria Helena de Moura (org.) *Gramática do português falado.* São Paulo: Humanitas/FFLCH/USP; Campinas: Editora da Unicamp, 1999. v. VII.

NUNES, José Joaquim. *Crestomatia arcaica.* 6ª ed. Lisboa: Clássica Editora, 1967.

PICOCHE, Jacqueline. *Dictionnaire etymologique du français.* Paris: Les usuels du Robert. Poche, s.d.

PINTO, Edith Pimentel. *A língua escrita no Brasil.* 2ª ed. São Paulo: Ática, 1992.

——. *O português do Brasil; textos críticos e teóricos.* Rio de Janeiro: LTC/São Paulo: Editora da Universidade de São Paulo, 1981. 2v.

POTTIER, Bernard (dir.) *Le langage.* Les dictionnaires du savoir moderne. Loos-le Lille: La Bibliothèque du CEPL, [1973].

PRETI, Dino. *A gíria e outros temas.* São Paulo: T. A. Queiroz/Editora da Universidade de São Paulo, 1984.

——. *A linguagem proibida.* São Paulo: T. A. Queiroz, 1984.

——. *Sociolingüística. Os níveis da fala.* 3ª ed. rev. e mod. São Paulo: Nacional, 1977.

PROENÇA FILHO, Domício. *A linguagem literária.* 7ª ed. São Paulo: Ática, 1999.

——. *Comunicação em português.* São Paulo: Ática, 1981. 4v.

——. *Estilos de época na literatura.* 15ª ed. São Paulo: Ática, 1997.

——. *Português e literatura.* Rio de Janeiro: Liceu, 1969.

REIS, Otelo. *Breviário da conjugação dos verbos da língua portuguesa.* 26ª ed. Rio de Janeiro: Francisco Alves, 1961.

ROSENBLAT, Ángel. *El criterio de corrección lingüística. Unidad y pluralidad de normas en el español de América.* Bogotá, 1967.

SACCONI, Luiz Antônio. *1000 erros de português da atualidade*. Ribeirão Preto: Nossa Editora, 1990.

SARAIVA, Gumercindo dos Santos. *A gíria brasileira: dos marginais às classes de elite*. Belo Horizonte: Itatiaia, 1988.

SAUSSURE, Ferdinand de. *Cours de linguistique générale*. Éd. critique préparée par Tullio de Mauro, Paris: Payot, 1972.

SILVA NETO, Serafim da. *História da língua portuguesa*. Rio de Janeiro: Livros de Portugal, 1952.

——. *Introdução ao estudo da língua portuguesa do Brasil*. 4ª ed. Rio de Janeiro: Presença, 1977.

SILVA, Deonísio da. *A vida íntima das palavras. Origem e curiosidades da língua portuguesa*. São Paulo: Arx, 2002.

——. *De onde vêm as palavras: frases e curiosidades da língua portuguesa*. 2ª ed. São Paulo: Mandarim, 1997.

SILVEIRA, F. Sousa da. *Lições de português*. 6ª ed. melh. Rio de Janeiro: Livros de Portugal, 1960.

SOARES, Magda. *Linguagem e escola. Uma perspectiva social*. 15ª ed. São Paulo: Ática, 1997.

TACLA, Ariel. *Dicionário dos marginais*. 2ª ed. Rio de Janeiro: Forense Universitária, 1988.

TEYSSIER, Paul. *História da língua portuguesa [Histoire de la langue portugaise]*. São Paulo: Martins Fontes, 1997.

——. *O aspecto verbal do português: a categoria e a expressão*. Uberlândia: Universidade Federal de Uberlândia — Centro de Ciências Humanas e Artes, 1981.

ULLMAN, Stephen. *Semantics. An introduction to science of meaning*. Oxford: Basil Blackwell. 1964.

——. *The principles of semantics*. Oxford: Basil Blackwell, 1963.

VANOYE, Francis. *Usos da linguagem. Problemas e técnicas da produção oral e escrita [Expression-Communication].* 11ª ed. São Paulo: Martins Fontes, 1998.

VIOTTI, Manuel. *Novo dicionário da gíria brasileira.* São Paulo: Indústria Bentivegna, 1956.

WILLIAMS, Edwin. *Do latim ao português. [From Latin to Portuguese,* Historical Phonology and Morphology of the Portuguese Language]. Rio de Janeiro: INL, 1961.

WRIGHT, Charles R. *Comunicação de massa.* Rio de Janeiro: Bloch, 1968.

Índice

A

B

C

D

E

F

G

H

I

J

L

M

N

O

P

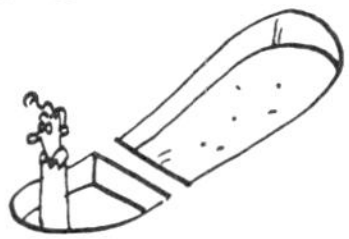

Q

R

S

T

U

V

X

Z

Conheça o Autor

Domício Proença Filho é Professor Emérito e Professor Titular de Literatura Brasileira da Universidade Federal Fluminense, aposentado. É Doutor e Livre-docente. Professor da disciplina e de língua portuguesa durante dezenas de anos em várias universidades, entre elas a UFRJ e a PUC-Rio, e em inúmeros estabelecimentos de ensino fundamental e médio. Na condição de Professor Titular Convidado (*Gastprofessor*), esteve por várias vezes na Universidade de Colônia, Alemanha.

Ministra, há algum tempo, cursos de atualização em língua portuguesa para professores, experiências que já envolveu, ao longo dos últimos quatro anos, cerca de 40 mil docentes. Tem-se dedicado também a cursos de expressão oral e escrita e comunicação na empresa.

Crítico e ensaísta, é autor de 45 livros, entre eles *Estilos de época na literatura*, um clássico da literatura paradidática; *A linguagem literária* e *Pós-modernismo e literatura*, e dezenas de textos publicados no Brasil e no exterior. Autor de cinco capítulos na *História da Literatura Brasileira*, dirigida por Sílvio de Castro, publicou também várias seleções de textos, com estudo crítico, entre as quais três coletâneas de crônicas de Rubem Braga, *Aventuras, Antologia didática de Rubem Braga* e *Um cartão de Paris*, lançadas pela Editora Record, e *Os melhores contos de Machado de Assis*, todas com várias edições. Consultor editorial da Editora Artium, organizou inúmeras edições de romances, como *O filho do pescador*, de Teixeira e

Sousa, *D. Guidinha do Poço,* de Manuel de Oliveira Paiva, *Bom-Criolo* e *A normalista,* de Adolfo Caminha, entre outros.

Na área de língua portuguesa, é autor de vários livros didáticos, além das *Noções de gramática da língua portuguesa* (2003).

Poeta: *O cerco agreste, Dionísio esfacelado* e duas edições de *O oratório dos Inconfidentes.* Vários dos seus poemas foram traduzidos para o italiano. *O oratório* foi objeto de tese de pós-graduação.

Ficcionista: o premiado *Breves estórias de Vera Cruz das Almas, Estórias da mitologia — o cotidiano dos deuses* e *Capitu — memórias póstumas.* Na praça, três histórias da mitologia ficcionalizadas: *Eu, Zeus, Nós, as deusas do Olimpo* e *Os deuses menos o pai.*

Promotor cultural: criou a Bienal Nestlé de Literatura Brasileira e dezenas de projetos desenvolvidos na Cidade do Rio de Janeiro.

Idealizou e produziu para o Serviço de Radiofusão Educativa do MEC as séries "Nos caminhos da comunicação" e "Os romances de Érico Veríssimo".

Foi Diretor de Texto da *Enciclopédia Século XX,* para a qual escreveu também os verbetes das áreas de Teoria Literária e de Literatura Brasileira.

Foi subsecretário de Educação e Cultura da Cidade do Rio de Janeiro.

É Aluno Eminente do Colégio Pedro II.

É membro da Academia Brasileira de Filologia, da Academia de Artes, Ciências e Letras da Ilha de Paquetá e do PEN Clube do Brasil.

Foi agraciado, entre outras distinções, com a medalha Tiradentes da Assembléia Legislativa do Estado do Rio de Janeiro por relevantes serviços prestados à cultura e à educação.

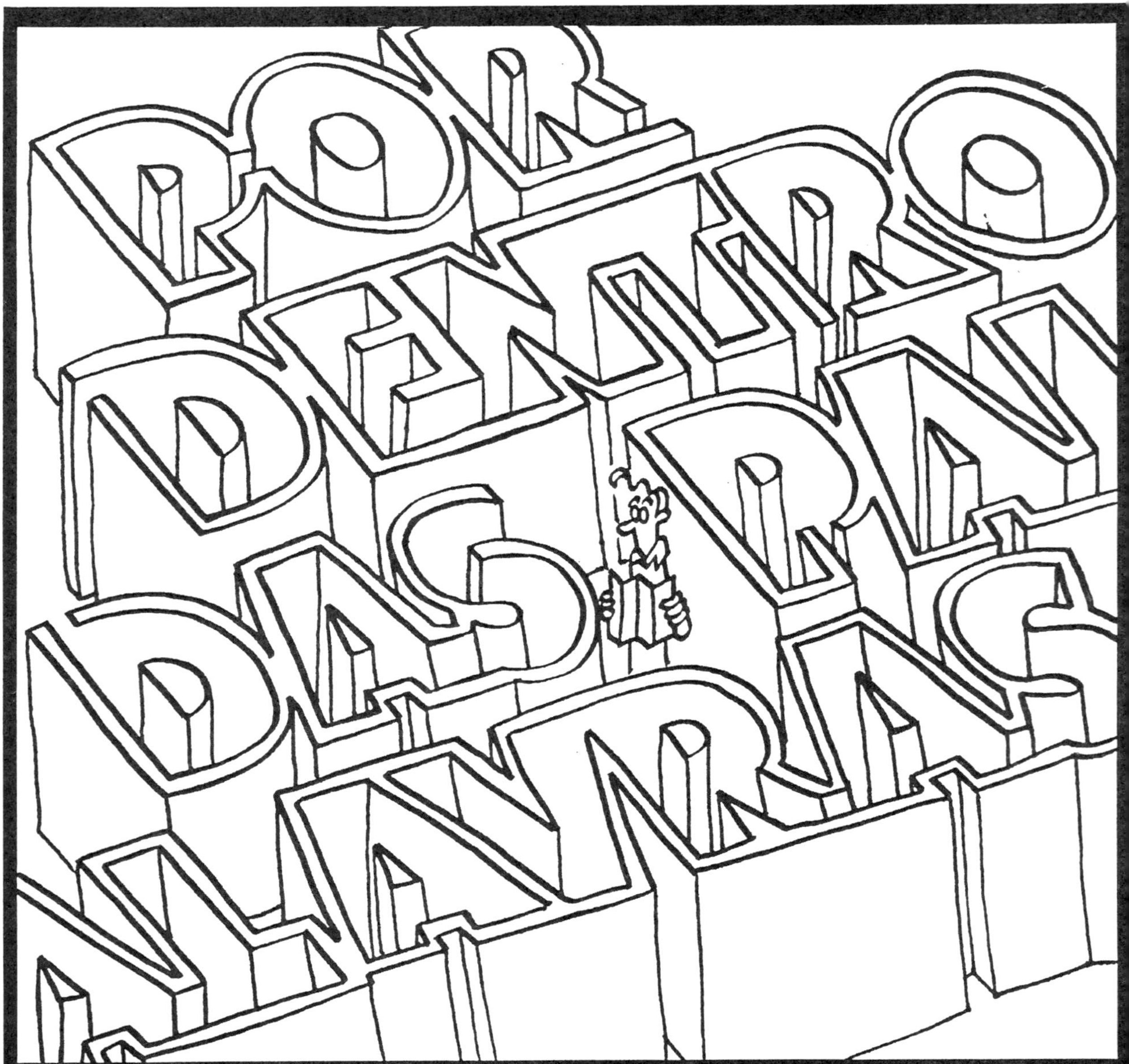
POR DENTRO DAS PALAVRAS

Este livro foi composto na tipologia Stone Serif, em corpo 9/15, e impresso em papel Offset 90g/m² no Sistema Cameron da Divisão Gráfica da Distribuidora Record.